LES
LIVRES CLASSIQUES
DE L'EMPIRE
DE LA CHINE,

RECUEILLIS

PAR LE PERE NOEL;

PRÉCÉDÉS

d'Observations sur l'origine, la nature et le progrès de la philosophie morale et politique dans cet empire.

TOME CINQUIEME.

A PARIS,

Chez DE BURE, BARROIS aîné et BARROIS jeune, quai des Augustins.

M. DCC. LXXXVI.

LE QUATRIEME LIVRE

CLASSIQUE,

NOMMÉ

LE LIVRE

DE MEMCIUS.

AVANT-PROPOS.

Memcius, ou Meng-Tsée, d'une illuftre famille alliée à celle des rois de Lu, étoit originaire de Tfem-Hien dans la province de Canton : il fut inftruit par Tfé-Tfée, petit-fils de Confucius ; & aucun difciple de ce fage n'a auffi bien entendu fa doctrine.

La Chine étoit alors gouvernée par une multitude de rois ambitieux ou voluptueux, qui n'étoient occupés qu'à faire des ligues pour agrandir leurs états, à profiter de la foiblefse ou des malheurs de leurs voiſins pour envahir leurs poſseſsions, à faire fleurir les arts ou le commerce, à imaginer des moyens de s'enrichir par toutes les exactions que la finance avide & inhumaine peut imaginer.

Diverſes ſectes de ſophiſtes s'é-toient élevées, & enſeignoient une philoſophie qui prétendoit juſtifier tous ces déſordres, comme il arrive par tout où le luxe domine.

Memcius parcourut les diffé-rents royaumes, expliqua aux rois, aux miniſtres, aux mandarins, les vrais principes du gouvernement & de la morale; il les enſeigna aux ſimples citoyens : il attaqua avec un courage héroïque les sophistes.

Ce sont ces entretiens de Memcius avec les souverains & les ministres, &c. qui composent le quatrieme livre classique de l'empire de la Chine.

On conçoit sans peine que, dans ces différents entretiens, Memcius rappelle plusieurs fois les mêmes principes. J'ai supprimé tout ce qui n'étoit qu'une répétition ; j'ai supprimé pareillement tout ce que l'on a déja vu dans les livres des sentences, ainsi que quelques discussions relatives à quelques faits particuliers, & qui ne peuvent être intéressants que pour les Chinois.

La doctrine de Memcius n'est que celle de Confucius, mais développée avec une sagacité & une étendue dont aucun disciple de ce sage n'avoit approché, & dont ceux qui l'ont suivi sont infiniment éloignés, au jugement des plus habiles lettrés, dont quelques uns disent que Memcius, par son enseignement, avoit rendu à la Chine de plus grands services que Confucius.

Memcius s'attache à prouver la droiture & la bonté que les hommes reçoivent du ciel, & réduit toute la morale & toute la politique au rétablissement de cette droiture & de cette bonté.

Memcius enfeignoit cetie doctrine quatre cents cinquante ans
avant l'ere chrétienne (1).

Que l'on compare la doctrine
de Memcius avec la morale & la
politique épicurienne , machiave-
lifte, mercantille & finaneiere, qui
régit aujourd'hui toute l'Europe,
& que l'on juge fi nous fommes en
droit de méprifer les Chinois , &
de nous attribuer fur tous les peuples & fur tous les fiecles cette fupériorité de lumieres dont tant de

---

(1) Lib Mem proem. Annales de la
Chine. 1. 2. p. 220. & 296. (Note de
l'éditeur.)

déclamateurs s'enorgueillissent.

Je ne dois pas omettre que le livre de Memcius contient des anecdotes également curieuses & intéressantes sur l'économie politique de la Chine sous les premiers empereurs, & sur une espece d'administration féodale qui fut long-temps suivie dans cet empire, & qui peut-être pourroit jetter quelque lumiere sur les premiers établissements des peuples barbares en Europe après la destruction de l'empire romain.

MENG-TSÉE,

OU

LE LIVRE

DE MEMCIUS.

PREMIERE PARTIE.

CHAPITRE PREMIER.

LÉAM-HOÉI-HAM, c'est-à-dire Léam, prince bienfaisant, ayant proposé des récompenses aux sages qui voudroient venir à sa cour, Memcius y alla : Vénérable vieillard, lui dit le roi, vous n'avez pas craint d'entreprendre un voyage de mille stades pour vous rendre à mon invitation : auriez-vous à me communiquer quelque moyen de procurer à mon état quelque grande utilité, ou des richesses ?

Pourquoi parler d'utilité & de richesses ? reprit Memcius ; prince, parlez plutôt de piété & d'équité, elles suffisent pour établir un bon gouvernement. Un roi est le modele de ses sujets : si, lorsqu'il s'agit d'agir & de prendre un parti, il dit, quelle utilité, quel profit mon royaume retirera-t-il de ceci ? les ministres diront, quelle utilité, quel profit ma famille retirera-t-elle de ceci ? les lettrés & les simples citoyens diront pareillement, quelle utilité ou quel profit retirerai-je de ceci ? Or lorsque les supérieurs,

d'un côté, & les inférieurs, de l'autre, ne cherchent que leur utilité
perfonnelle ou leur bien particulier, tous fe le procurent aux dé-
pens du bien public; le royaume
eſt alors dans le plus grand danger;
& c'eſt ainſi que tant de rois ont
ufurpé le trône de tant d'empereurs,
& les ont fait périr; c'eſt ainſi que
tant de miniſtres ont enlevé la couronne & ravi la vie à tant de rois:
ces rois & ces miniſtres, uſurpa-
teurs & parricides, perfuadés que
l'on ne doit agir que pour ſon utilité ou ſon profit, méprifent la piété & l'équité; leur cupidité n'a plus
alors de frein, & ne s'arrête que
lorſqu'elle a dépouillé l'empereur
ou le roi de ſes pofſeſsions, de la
couronne & de la vie.

Mais lorſqu'un prince gouverne avec juſtice & avec équité, l'utilité s'empreſſe pour ainſi dire d'arriver dans ſes états; il n'a pas beſoin de la chercher ni de l'appeller. Lorſque la piété & l'équité regnent dans un état, les enfants ont pour leurs parents l'amour filial qui leur eſt dû, & les ſujets, le reſpect qu'ils doivent à leur ſouverain ; or un fils pieux ne hait point ſes parents, & un vaſsal équitable ne mépriſe point ſon roi. Y a-t-il un moyen plus ſûr de procurer l'honneur & l'utilité d'un royaume ? Prince, ſi vous voulez bien gouverner vos états, ne parlez donc point d'utilité, mais de piété & d'équité.

. Le lendemain Memcius étant allé voir Léam - Hoéi, le trouva dans fon parc ; il fe promenoit fur le bord d'un étang , regardoit des cygnes qui nageoient & des cerfs qui erroient librement dans la forêt : il rougit en appercevant Memcius ; & pour prévenir les reproches qu'il craignoit de mériter , il lui parla ainfi : J'ai entendu dire qu'un prince fage ne doit s'occuper qu'à bien régler fes mœurs & à bien gouverner fes peuples ; que penferez-vous de celui qui s'occupe de ces amufements ?

Memcius lui répondit : Un prince peut, comme les autres hommes , fe récréer & délaffer fon efprit. Mais le prince fage jouit feul véritablement & fûrement de l'amufement : un prince qui n'eft pas fage s'attire la haine de fes peuples , craint les féditions les révoltes, les troubles inteftins ; il ne peut ni jouir véritablement & avec fécurité de fes parcs, quelque voluptueux qu'ils foient, ni goûter la beauté des lieux, quelques charmes qu'ils aient.

Le livre des poéfies, en parlant du fage Ven-Vam, dit : « Ce prince « voulut avoir un parc, y enfermer « des bois & un étang, y élever une « tour pour la garde du royaume, « pour l'ornement du parc, & pour « obferver les aftres. Il en eut à « peine tracé le plan, qu'on vit le « peuple accourir pour l'exécuter ; « chaque citoyen travailloit avec « l'ardeur d'un fils qui travaille pour « un pere chéri : l'ouvrage fut ache- « vé en fi peu de temps, qu'on l'ap-

« pella le parc des esprits. Ven-
« Vam se plaisoit à s'y délasser des
« soins du gouvernement, à voir
« les cerfs qui reposoient tranquil-
« lement & sans crainte dans les
« bois, ou à considérer tantôt les
« mouvements d'une multitude de
« poissons dans l'eau, tantôt la
« blancheur éclatante des cygnes
« qui voloient. »

Il n'y avoit pas de citoyen qui
ne vît avec satisfaction les cerfs &
les poissons qui procuroient un dé-
lassement & du plaisir à Ven-Vam,
parceque ce prince gouvernoit son
royaume avec piété, avec équité,
& s'appliquoit avant tout à procurer à ses peuples tout ce qui étoit
nécessaire pour leur subsistance &
pour leur tranquillité. Ven-Vam

pouvoit jouir véritablement & sûrement des agréments de son parc.

Il n'en étoit pas ainsi de l'insensé
Kié, qui disoit : « Je suis dans l'em-
« pire ce que le soleil est dans le
« ciel, & je ne périrai qu'avec cet
« astre. »

Mais le peuple disoit : « Quand
« donc ce soleil finira-t-il ? Soleil
« exécrable, nous périrons volon-
« tiers, pourvu que tu périsses avec
« nous. »

Quelque beau que soit le parc
d'un prince, peut-il jouir seul de
ses délices ? peut-il en goûter seul
les agréments ? peut-il y éprouver
quelque plaisir, lorsque son peuple,
exténué par la misere, le hait & le
déteste ?

Léam-Hoéi dit à Mencius : Je

suis un homme de peu de vertu ; mais il me semble que je fais mon possible pour subvenir aux besoins de mon peuple : si un canton est affligé de la stérilité, & manque de pain, je fais passer les enfants, les jeunes gens & les hommes dans les cantons où regne l'abondance, & je fais donner tout ce qui est né-cessaire aux vieillards, aux enfants, & à tous ceux qui ne peuvent émigrer dans les provinces où le grain abonde. Les princes mes voisins ne prennent point cette précaution pour subvenir à la misere des citoyens ; il semble donc que leurs sujets devroient abandonner leurs états & venir s'établir dans mon royaume : cependant la population de ces états n'est point inférieure à celle de mon royaume; d'où cela peut-il venir?

Prince, dit Memcius, vous aimez la guerre; qu'il me soit permis de vous répondre par une comparaison tirée de l'art militaire : Supposons que deux armées ennemies sont en présence; on donne le signal, le combat commence; une des deux armées plie, les vaincus prennent la fuite; une partie des fuyards s'arrête à cent pas, & l'autre à cinquante : si ceux qui se sont arrêtés à cinquante pas se croyoient plus braves que ceux qui se sont arrêtés à cent, & se moquoient de leur lâcheté, qu'en penseriez-vous?

Qu'ils auroient tort, répondit le prince; car quoiqu'ils n'aient fui qu'à cinquante pas, leur fuite n'a pas moins contribué à la perte de la bataille, & l'ignominie est égale.

Cela étant, reprit Memcius, à quoi bon examiner si vos peuples sont plus ou moins nombreux que les peuples des royaumes voisins ? Vous ne devez penser qu'à connoître les principes d'un bon gouvernement, & à les établir, comme le général ne doit s'occuper qu'à vaincre. Je veux que vous ayez pour vos peuples un sentiment d'humanité & de commisération que n'ont point les rois vos voisins. Si cependant ni vous ni vos voisins ne suivez les principes d'un bon gouvernement, le tort & la faute font égaux pour tous ; aucun ne peut ni méprifer les autres, ni s'en moquer.

La population & la richefse d'un état ont leur fource dans le bon gouvernement : & voici quels en font les principes, & comme les premiers éléments.

Si l'on a foin qu'aucune raifon n'empêche ou ne retarde les travaux de l'agriculture, & que toutes les opérations du cultivateur, telles que de labourer, de femer, de faucher & de moifsonner, s'exécutent dans les temps prefcrits, alors l'abondance des grains fera telle, que par-tout on aura beaucoup au-delà de ce qui eft nécefsaire pour la confommation.

Si l'on ne permet pas la pêche avec des filets dont les mailles foient étroites, les lacs, les étangs, les rivieres, produiront plus de

poifsons que l'on n'en pourra confommer.

Si l'on a foin de ne couper le
bois que dans l'hiver afin qu'il re-
poufse plus facilement, il y aura
plus de bois que l'on n'en pourra
confommer.

Lorfque l'on aura plus de grains,
de poifsons & de bois que l'on n'en
pourra confommer, les peuples
pourront fans peine & fans mur-
mure nourrir leurs parents vivants,
& leur rendre après leur mort les
devoirs que les rites prefcrivent,
& voilà la bafe ou la racine du bon
gouvernement : car alors les peuples aiment leurs princes ; on peut
facilement établir de bonnes loix,
& enfeigner avec un grand fuccès
les beaux préceptes des mœurs.

A l'égard des loix, il me semble qu'il faudroit, aux cent petits arpents que l'on a donnés à chaque laboureur à cultiver, en ajouter cinq pour son habitation & pour les autres édifices dont un cultivateur a besoin ; obliger tous les colons à élever des mûriers, par ce moyen on procureroit des habits de soie aux quinquagénaires qui ont besoin d'être vêtus plus chaudement.

Il faudroit prescrire de nourrir des poules, des porcs, & faire en sorte qu'ils se reproduisent dans toutes les époques que la nature a marquées pour leur multiplication; par ce moyen, les septuagénaires, qui ont besoin d'aliments plus succulents, auroient toute la viande nécefsaire à leur fubfiftance.

Enfin il ne faut jamais fe permettre d'exiger du cultivateur aucun travail dans les temps où il doit femer, faucher, moifsonner. En obfervant ces loix, il n'y aura point de famille qui n'ait dans tous les temps une fybfiftance fûre & fuffifante.

Lorfque le peuple fera dans cet état d'aifance & de fécurité, il fera facile de l'éclairer fur les principes de la morale, en établifsant des écoles ou des lieux d'inftruction ; il faudra fur-tout leur infpirer de l'amour pour leurs parents & du refpect pour ceux qui font plus âgés qu'eux ; on ne verra plus alors dans les rues & dans les chemins des hommes avancés en âge, ou des vieillards obligés de porter fur leurs têtes ou fur leurs épaules des fardeaux accablants; il n'y aura pas de jeune homme qui ne regarde comme un devoir & comme une bonne fortune de foulager leur vieillefse vénérable ; perfonne alors n'éprouvera ni la faim ni le froid; & il eft impoffible qu'un prince qui procure ces avantages à fes peuples, ne poffede pas l'art de commander, & n'ait pas acquis les vrais principes d'un bon gouvernement.

Prince, qu'il me foit permis de vous repréfenter que vous ne paroifsez pas fentir afsez l'importance de cette partie du bon gouvernement; car, au mépris de toutes les loix de l'économie, vous nourrifsez un nombre infini de chiens & de fangliers qui mangent les aliments des peuples & qui dévorent leur fubfiftance : il n'eft pas même rare de trouver dans les chemins des hommes morts de faim, fans que l'on fonge à ouvrir vos greniers pour le foulagement du pauvre. Si l'on vous parle des hommes que l'on a trouvés morts de faim, vous dites que vous n'en êtes pas la caufe, qu'il faut attribuer ce malheur à la ftérilité; c'eft à-peuprès comme fi un meurtrier fe juftifioit en difant que ce n'eft pas lui, mais le poignard, qui a tué.

Gardez-vous donc, prince, d'imputer ces malheurs à la ftérilité, & faites tous vos efforts pour établir un gouvernement fage : alors tous les peuples de l'empire, connoifsant

la fagefse & la bonté de votre gou‑
vernement, fe rendront à l'envi dans
vos états; vous ne vous plaindrez
plus alors du petit nombre de vos
fujets, & vous n'aurez pas befoin
de les faire pafser d'une province
dans une autre pour fubfifter : ces
tranfmigrations font d'ailleurs des
refsources foibles & momentanées.

Léam-Hoéi-Vam, frappé de la
fagefse de ces confeils, dit : Je fuis
un homme de peu de vertu, mais
je defire d'être éclairé; continuez
donc vos inftructions.

Prince, dit Mencius, y a-t-il
de la différence entre celui qui tue
avec un bâton & celui qui tue avec
une épée? Il n'y en a point. Y en
a-t-il, reprit Mencius, entre celui
qui tue avec une épée ou par un

gouvernement dur & impitoyable?
Il n'y en a point, répondit Léam-
Hoéi-Vam.

Prince, reprit Memcius, on voit
dans vos cuisines une abondance &
une profusion prodigieuse d'excel-
lentes viandes; vos écuries sont
remplies de chevaux gras; & vos
peuples sont décharnés, languis-
sants, exténués par la misere; plusieurs même meurent de faim dans
les campagnes & dans les cantons
déserts: seroit-il plus criminel de
tirer des forêts les tigres & les lions
pour dévorer les hommes? qu'importe à ce pauvre peuple que ce
soit l'épée ou la dureté du cœur
qui les fasse périr? Nous haïssons
les bêtes féroces qui s'entre - dévorent; quelle haine ne doit pas

s'attirer un prince qui, obligé d'être le pere de son peuple par sa bonté & par sa piété, établit sur eux un gouvernement plus impitoyable & plus meurtrier que les tigres & les lions qu'il tireroit des forêts & qu'il lâcheroit dans ses états ? Peut-on regarder comme un pere un prince qui fait périr impitoyablement ses enfants, & qui se soucie moins d'eux que des brutes ?

Confucius disoit que ceux qui avoient imaginé des figures humaines de bois qui accompagnoient le cercueil dans les funérailles & qui représentoient les vivants, étoient sans piété, & méritoient de mourir sans postérité. De quel sentiment de haine ne seroit-il pas transporté en voyant aujourd'hui des princes dont l'impitoyable dureté livre les vivants à la faim & à la mort ?

Léam-Hoéi-Vam, pour changer l'objet de la converfation, dit : Mon royaume étoit autrefois très étendu & très confidérable par fes forces militaires, & il n'y avoit point de royaume plus puifsant dans tout l'empire, comme vous le favez, vénérable vieillard. Il n'y a pas long-temps, & c'étoit la trentieme année de mon regne, le roi de Cy me déclara la guerre ; je fus vaincu, & je perdis mon fils aîné qui fut pris & tué ; avant cela, & la troifieme année de mon regne, un roi qui eft à l'occident du royaume de Cy, s'empara de la terre de Kao-Léam, & de plufieurs autres cantons que j'ai été obligé

de lui céder par un traité de paix;
du côté du midi, le général du
royaume de Tson a ruiné & pillé
sept de mes villes : enfin j'ai essuyé
des désastres, des malheurs, des
défaites, qui ternissent la gloire des
anciens héros du royaume de Cyn;
j'en rougis, & je desire ardemment
d'effacer la tache que j'ai imprimée
à leur mémoire; indiquez-m'en, je
vous prie, les moyens, si vous les
connoissez.

Prince, dit Memcius, ne parlez
ni de vos pertes ni de vos défaites;
vous pouvez effacer cette tache,
& même dominer dans l'empire, si
vous avez une ame élevée & un esprit droit. Voici au reste comment,
quoique souverain d'un petit royaume, vous pouvez dominer dans

l'empire : que votre gouvernement soit équitable & doux ; que les châtiments soient rares, & les tributs modérés ; donnez des mœurs au peuple, & qu'il soit bien instruit de tout ce qui concerne l'agriculture ; que les jours de fêtes & les jours où les travaux cessent soient destinés à l'instruction des jeunes gens sur tous leurs devoirs envers leurs parents, leurs anciens, leurs supérieurs : alors vos sujets vous aimeront comme leur pere, ils ne craindront point d'affronter la mort pour vous & pour la patrie ; sans habitude de la guerre & armés de bâtons & de pieux, ils attaqueroient & renverseroient les bataillons des royaumes voisins couverts de casques & de cuirasses, parceque ces

princes punifsent avec rigueur, im-
pofent des tributs exceffifs , font
inexorables pour tout ce qu'ils prefcrivent ; fous ces princes, le laboureur n'a ni le temps ni les moyens
de labourer, de femer, de faucher,
de moifsonner pour nourrir fa famille ; fans refource contre la faim
& contre la foif ; le mari eft forcé
de fe féparer de fa femme, le frere
de fon frere , les enfants de leurs
parents , & tous fe difperfent pour
chercher les moyens de fubfifter.
Si donc vous faififsez la premiere
occafion de les attaquer , & que
vous conduifiez contre eux une armée de fujets fideles pour punir les
crimes de ces princes, & pour ré-
parer par l'intégrité de votre vie,
par la droiture de votre ame, par

l'exemple de vos vertus, les maux qu'ils ont caufés par leur méchanceté, à peine vous ferez-vous montré que les peuples de ces princes odieux fe foumettront à vous. Qui voudroit expofer fa vie pour des rois fi vicieux & fi méchants, & s'oppofer à vous? Un ancien proverbe dit, l'homme pieux & clément n'a point d'ennemis. Prince, n'en doutez pas, rien n'eft plus certain.

Memcius étant chez Léam-Jam-Vam, fils de Léam-Hoéi-Vam, & fon fuccefseur, ce prince lui dit: Tous les royaumes font dans un état de guerre & de confufion: quand donc la paix & la tranquillité feront-elles folidement rétablies dans l'empire?

Lorfque l'autorité impériale fera folidement établie dans un feul chef, dit Memcius.

Comment, dit le prince, peut-on l'efpérer ?

Il ne faut pour cela, dit Memcius, qu'un prince qui craigne de faire périr les hommes, qui foit clément & doux, qui aime la piété, & qui la pratique : tous les peuples fe foumettront d'eux-mêmes à ce prince, car l'empire n'eft déchiré que parceque la cruauté regne dans l'empire, le remplit de meurtres, & que l'on ne connoît de regle & de droit que la force & les armes.

Mais l'empire étant partagé en plufieurs royaumes , & chaque royaume ayant fon roi, qui voudra dépofer fon roi pour fe foumettre à un autre ?

Prince, dit Memcius, vous connoifsez sûrement le riz & fa culture : fi dans le mois de mai, de juin
& de juillet, il arrive une grande
fécherefse, le riz, qui n'eft encore
qu'en herbe, languit & fe defseche ;
mais fi la température de l'air change, fi le ciel fe couvre de nuages
& répand fur la terre une pluie
abondante, auffitôt le riz defséché & prefque mort fe releve, reverdit & poufse fes fleurs : croyezvous que l'on puifse arréter ou empêcher la végétation produite par
cette pluie falutaire ?

Tous les princes auxquels les
peuples de l'empire font foumis, au
lieu de les gouverner comme un
bon pafteur gouverne fon troupeau, ne refpirent que le fang &

le carnage ; les peuples, foumis à leur autorité, font comme le riz fous un ciel aride & brûlant ; s'il s'éleve dans l'empire un prince qui ait en horreur l'effufion du fang humain, auffitôt tous les peuples leveront la tête, fe redrefferont pour voir ce prince, foupireront après lui, & recevront fes ordres, comme le riz languifsant reçoit la pluie : que dis-je ? ces peuples n'attendront pas que ce prince arrive à eux, ils iront au-devant de lui ; les peuples les plus éloignés accourront, &, réunis aux plus voifins, s'emprefseront de fe foumettre à lui, comme on voit dans les temps de pluie les eaux furabondantes fe réunir pour fe précipiter dans les terrains moins élevés : qui pourra

empêcher cette réunion des peuples,
ou réfifter à cette impétuofité ?

Telles étoient les inftruétions que
donnoit Memcius fans fuccès dans
une cour qui avoit invité chez elle
tous les fages pour profiter de leurs
lumieres. Il fortit donc du royaume
de Guéi, & fe rendit auprès de Si-
Ven-Vam, roi de Ci, prince paf-
fionné pour la gloire qui s'acquiert
par les exploits militaires.

Quelles font, dit-il à Memcius,
les vertus nécefsaires à un prince
pour bien commander & pour bien
gouverner tout l'empire ?

L'équité & la piété, répondit
Memcius. Si la piété & l'équité du
prince procurent aux peuples la
paix, la tranquillité, la fécurité ;
s'il aime les peuples comme fes

enfants, s'il a foin que jamais ils ne manquent des chofes néceffaires à leur fubfiftance : alors tous les peuples viendront à lui comme les enfants à leur pere, & perfonne ne pourra ni les retenir ni les détourner.

J'ai peu de vertu, dit Si-Ven-Vam ; croyez-vous que je puifse procurer aux peuples la paix, la tranquillité, la fécurité, les protéger, les aimer comme mes enfants ? Vous le pouvez. — Comment le favez-vous ?

Voici ce que Hu-Hé, votre premier miniftre, m'a raconté. Vous étiez affis dans la cour du palais; vous vîtes pafser un bœuf garrotté; vous demandâtes où l'on menoit cet animal, & l'on vous répondit qu'on

qu'on alloit l'égorger pour remplir
de son sang les fêlures d'une cloche
d'airain nouvellement fondue, comme cela est d'usage. Je ne peux, dîtes-
vous, voir traîner cet animal trem-
blant à la mort comme on conduit
un innocent au supplice ; qu'on le
délie, & qu'on le laisse libre. Lorfqu'on vous eut représenté la nécef-
sité de remplir les fêlures de la cloche avec le sang d'un animal, vous
ordonnâtes que l'on égorgeât un
mouton.

Cela est vrai, dit le prince. Eh
bien! reprit Memcius, je vous as-
sure que ce sentiment de commisération que vous avez éprouvé à
la vue du bœuf garrotté & trem-
blant suffit pour rétablir la paix

Tome I.   D

parmi les peuples, & pour affermir l'empire.

Mais, dit le roi, quel rapport peut donc avoir ce sentiment de commisération avec le rétablissement de l'empire & avec les regles d'un bon gouvernement?

Sire, si quelqu'un vous disoit, J'ai asfez de force pour porter un poids de trente livres, mais je ne faurois lever l'aile d'un oifeau; ou, Je vois très distinctement les poils qui poufsent aux animaux dans l'automne, & cependant je ne vois pas un chariot chargé de faisceaux de bois: le croiriez-vous?

Non certainement, dit Si-Ven-Vam.

Les animaux étant d'une efpece

différente de nous, dit Memcius,
nous sommes infiniment moins portés à refsentir pour eux de la commisération & de l'attachement que
pour les hommes : si donc vous ne
pouvez exercer la commisération,
la bienveillance & la piété pour vos
peuples, qui sont de votre espece,
ne seriez-vous pas semblable à celui qui, pouvant transporter un
poids de trente livres, n'a pas la
force de lever l'aile d'un oiseau ? ne
seriez-vous pas l'homme qui voit
distinctement les poils qui viennent
aux animaux pendant l'automne,
& qui ne peut voir un gros chariot
chargé de faisceaux de bois ?

Comme celui qui ne fait aucun
usage de ses mains ne leve pas même l'aile d'un oiseau, & comme

celui qui ne fait aucun usage de sa vue ne voit pas même un gros chariot chargé de faisceaux de bois ; de même, sire, vos peuples ne sont point nourris & protégés, ils ne vivent point en paix & tranquilles, parceque vous ne faites aucun acte de piété, de miséricorde & de bienfaisance, & que toutes ces facultés, n'étant jamais exercées, semblent anéanties chez vous : si donc, ayant tout ce qui est nécessaire pour bien gouverner, vous ne gouvernez pas bien, ce n'est pas parceque vous ne le pouvez pas, c'est parceque vous ne vous servez pas des moyens que vous avez.

Mais, dit le roi, quelle différence supposez-vous donc entre celui qui n'agit point & celui qui ne peut agir ?

La voici, dit Memcius. Un homme dit à un autre : Je ne peux déraciner la haute montagne de Tayxan, &, la prenant fous mon bras, la jetter dans la mer du nord pour la traverfer. Certainement il dit vrai, car il n'a pas ce pouvoir.

Un autre dit à fon fupérieur qui lui ordonne de couper une branche d'arbre qui touche à terre : Je ne peux couper cette branche. Certainement celui-ci ne coupe pas cette branche parcequ'il ne peut pas la couper, mais parcequ'il ne fait pas ufage de fes forces, parcequ'il n'agit pas.

Prince, lorfque, pouvant, par l'exercice de l'humanité & de la piété, fuivre les regles d'un bon gouvernement, vous ne les fuivez pas, vous n'êtes pas l'homme qui ne peut prendre fous fon bras la montagne Tay-xan & la jetter dans la mer, vous êtes celui qui ne coupe point une branche d'arbre qui touche à terre.

Il n'y a en effet aucune difficulté à exercer la piété & la bienfaifance. Si je refpecte, fi je foutiens mon pere, ma mere, mes freres & mes anciens, en forte que tous les peuples, animés par mon exemple, refpectent & foutiennent leurs peres, leurs meres, leurs freres & leurs anciens ; fi j'aime, fi je nourris & inftruis mes enfants & mes freres cadets & leurs enfants, alors il n'y aura perfonne auquel je n'aie fait du bien, aucun dont je n'aie bien mérité, & par ce moyen il me fera auffi facile de fuivre toutes les loix d'un bon gouvernement que de tourner ma main.

Dans le livre des poéfies, le prince Ven-Vam dit : Pour aimer mes freres & leur rendre tout ce que je leur dois, pour gouverner ma famille & mon royaume, je prends pour modele Tay-Su-Mu mon époufe.

C'eft-à-dire que le prince Ven-Vam, pour bien gouverner fa famille & fon empire, ne faifoit que pratiquer ce qu'infpire le fentiment de l'humanité avec lequel la nature fait naître tous les hommes; & tout prince qui aura foin de cultiver & d'exercer ce penchant inné dans l'homme, pourra, fans fatigue & fans peine, conferver fon empire, quand il auroit pour bornes la mer de l'orient & du couchant, celle du nord & celle du midi ; au contraire, celui qui néglige ces moyens, ne conservera ni son empire, ni sa femme, ni ses enfants.

Les empereurs & les rois anciens n'étoient si supérieurs à ceux qui les ont suivis dans l'art de gouverner, que parcequ'ils avoient cultivé les germes de cette piété, de cette bienveillance & de cette humanité que la nature dépose dans le cœur de tous les hommes, & qu'ils savoient en remplir tous les devoirs envers leurs parents & envers les peuples.

Quant à vous, prince, qui savez être miséricordieux & bienfaisant pour les animaux, qui pourroit em-

pêcher que vous ne suiviez les inspirations de ces vertus pour vos
peuples?

On ne connoît bien si une chose
est plus pesante ou plus grande
qu'une autre que par le moyen
d'une balance & d'une mesure; &
le cœur de l'homme sur-tout a besoin d'une mesure & d'une balance. Dépourvu de ce secours, dans
quelles erreurs ne peut-il pas tom-
tomber? à quels égaremens n'est-il
pas exposé? quels crimes ne peut-il
pas se permettre? Si vous avez plus
de compassion d'un bœuf que de
votre peuple, votre cœur n'a-t-il
pas une balance & une mesure qui
le trompent horriblement? Qu'il
me soit permis, sire, de vous sup-
plier de peser dans la balance de

l'équité , & de mesurer avec la regle de la raison, les sentiments que vous avez éprouvés pour le bœuf & ceux que vous devez à vos peuples.

Mais des objets bien plus touchants vous occupent; vous aimez à entretenir des armées nombreuses, à faire la guerre, à jetter vos sujets au milieu des périls & à les exposer à la mort, à inquiéter vos voisins, à susciter la guerre de tous côtés; vous n'êtes content que dans l'agitation de cette politique.

Point du tout, dit Si-Ven-Vam; pourrois-je faire mon plaisir de ces occupations & de ces exercices? ce sont des remedes violents que j'emploie malgré moi pour parvenir à ce que je desire ardemment.

Me seroit-il permis, sire, de savoir ce que vous desirez si ardemment ?

Si-Ven-Vam sourit, & ne répondit rien.

Ne seroient-ce point des mets ex-
quis, & tout ce qui peut flatter
agréablement le palais ? seroient-ce
des habits légers, chauds & magni-
fiques ? seroient-ce des meubles,
des tapisseries ? seroit-ce une musique charmante ? seroient-ce des
domestiques & des officiers atten-
tifs à satisfaire tous vos besoins,
tous vos desirs, à vous procurer
toutes les commodités ? Tous vos
ministres, tous les grands, tous vos
sujets s'empresseront de vous procurer tous ces objets ; pourquoi
voulez-vous les devoir à la vio-

lence, & qu'ils foient les fruits de la guerre ?

Ces puérilités, reprit Si-Ven-Vam, ne font l'objet ni de mes vœux ni de mes projets.

Mais enfin, dit Memcius, ne peut-on donc favoir ce que vous defirez fi ardemment ? n'ambition-neriez-vous point d'agrandir vos états, d'afsujettir & de rendre tri-butaires les vaftes royaumes de Cin & de Tfou, & de régner fur tout l'empire chinois ? Mais, prince, vouloir exécuter ces projets avec les moyens que vous vous propofez d'employer, c'eft comme fi vous montiez dans un arbre pour y pren-dre des poifsons.

Votre comparaifon n'eft-elle pas outrée, dit le roi ?

Point du tout, répondit Mein-
cius; & si elle peche, ce n'est que
parcequ'elle est trop foible : car
l'homme qui monte dans un arbre
pour y prendre des poissons, fait
une chose abfurde, & qui pour-
tant ne caufe ni dommage ni malheur; mais lorfqu'on veut avec des
armées, & par le moyen de la guerre, exécuter le projet qui vous occupe, on est non feulement obligé
d'y renoncer après avoir épuifé toutes les forces de fon efprit & de fon
corps, mais encore on attire nécef-
fairement fur foi des malheurs de
toute efpece & les plus grandes calamités.

Pourriez-vous, dit Si-Ven-Vam,
m'apprendre quels font ces malheurs innombrables?

Tome I.   E

Oui, reprit Memcius : fi le roi du foible & petit royaume de Tfen vouloit faire la guerre au roi du vafte & puifsant royaume de Tfou, qui des deux aura l'avantage dans cette guerre ?

Le roi de Tfou, répond Si-Ven-Vam.

Vous croyez donc, prince, dit Memcius, que de petites forces ne peuvent pas réfifter à de grandes ? Or l'empire de la Chine renferme neuf grandes provinces, & le royau-me de Cy en pofsede à peine la neuvieme partie : vouloir avec le royaume de Cy foumettre l'empire de la Chine, c'eft donc vouloir, avec le petit royaume de Tfen, fou-mettre le vafte & puifsant royaume de Tfou ; c'eft-à-dire que de moindres forces peuvent réfifter à de plus grandes. Si au refte vous perfévérez dans votre projet, il faut renoncer à la connoiſsance des vrais & feuls moyens de réuſſir.

Commencez par établir dans vos états le véritable gouvernement de la piété & de l'équité, & faites en forte que tous les magiftrats de l'empire defirent de recevoir dans votre palais vos ordres & vos inftructions; que tous les laboureurs defirent de cultiver vos campagnes; que tous les marchands defirent de venir commercer dans votre royaume; que tous les étrangers aiment à voyager dans vos états, parceque l'on y jouit de la plus profonde fécurité; que tous les peuples de l'empire, déteftant l'horrible tyrannie

de leurs souverains, defirent de
vous porter leurs plaintes en vous
regardant comme leur afyle. Lorfque les peuples & les mandarins,
charmés & attirés par votre juftice
& par votre piété, auront commen-
cé à venir vers vous, qui pourra les
retenir ou les détourner de la réfolution qu'ils auront formée de fe
foumettre à vous ?

Si-Ven-Vam dit à Memcius :
Expliquez-moi cette doctrine que
mon efprit, peu exercé fur ces objets, ne peut pénétrer du premier
coup-d'œil ; enfeignez-moi en détail comment on adminiftre un
royaume avec équité & avec piété,
car, malgré mon peu de capacité,
je voudrois efsayer ce beau gouvernement,

Un prince, dit Memcius, doit sur-tout & avant tout procurer une subsistance abondante & sûre à son peuple, qui, par ce moyen, conservera constamment l'honnêteté des mœurs & la droiture du cœur : car de conserver l'une & l'autre dans un état de pauvreté & d'indigence, c'est un degré de vertu réservé aux éleves de la sagesse, dont l'ame grande, forte & sublime soutient également la bonne & la mauvaise fortune.

Pour le peuple, s'il manque de subsistance, il renonce bientôt à l'honnêteté des mœurs & à la droiture du cœur ; lorsqu'une fois il a perdu l'honnêteté des mœurs & la droiture du cœur, il s'abandonne à tous ses desirs, & devient capable de tous les crimes : ainſi un prince qui ne fait pas ſon capital de pro-curer à ſon peuple une ſubſiſtance aſsurée, ou qui n'en connoît pas les moyens, le met dans l'occaſion prochaine & continuelle de devenir criminel; alors punir celui qui com-met un crime, n'eſt-ce pas trom-per un homme ſimple & ſans dé-fiance ? n'eſt-ce pas le conduire ar-tificieuſement dans les filets de la juſtice criminelle ? Un prince qui a de la piété, & qui doit aimer ſes peuples comme un pere aime ſes enfants, peut-il ſe permettre de les tromper auſſi indignement & auſſi cruellement ?

Il faut donc qu'un prince ſage regle tout ce qui concerne le par-tage des champs, les habitations &

la subsistance des peuples, de maniere que chaque citoyen ait tous
les ans abondamment ce qui est nécessaire pour les besoins de son
pere, de sa mere, de sa femme,
de ses enfants, de ses domestiques,
& que, dans les années fertiles, il
puisse mettre en réserve ce qui est
nécessaire pour jouir de cette abondance dans les années stériles ; alors
ce peuple recevra avidement la doctrine des mœurs, & entrera sans
peine dans le chemin de la vertu,
pour peu que le prince s'y prête.

Mais si un prince néglige ces
c oses, alors, dans les années de
stérilité, le peuple sera exposé à
toutes les horreurs de la famine &
de l'indigence ; alors les peuples se-
ront uniquement occupés à susten-

ter leur misérable vie, &, toujours dans la crainte de manquer du nécessaire le plus rigoureux, ne s'occuperont que des moyens de se procurer des aliments pour asouvir leur faim : comment, pressés sans cesse par ce terrible besoin, pourroient-ils s'occuper de la droiture des mœurs & des principes de l'équité & de l'honnêteté ?

Si vous voulez donc établir un bon gouvernement, & que la piété regne dans vos états & rende vos peuples heureux, n'hésitez pas & ne différez pas un moment à pourvoir à tout ce qui est nécesaire pour que votre peuple jouisse d'une subfistance commode, sûre & abondante : & voici comment vous remplirez ces objets. *Memcius répete* ici ce qu'il a dit à *Léam-Hoéi-Vam* sur le partage des terres.

CHAPITRE II.

DANS une seconde visite, Memcius dit à Si-Ven-Vam : J'ai appris de votre ministre Chuam-Po que vous aimez beaucoup la musique. Si-Ven-Vam rougit un peu, & changea de visage ; cependant il répondit : Je ne suis pas capable d'aimer l'admirable musique des anciens empereurs Yao & Chun, si propre à former les mœurs & à faire goûter les grands principes de la morale ; je n'aime que la musique ordinaire & composée pour des chansons agréables ; peut-elle être de quelque utilité pour le gouvernement ?

Sans doute, dit Memcius ; car si vous aimez beaucoup la musique, ce n'est pas seulement le son qui vous plaît, ce sont les accords. Si vous savez employer cette harmonie & ces accords pour établir la paix & la concorde parmi vos peuples, vous verrez bientôt le royaume de Cy changer de face, & vous ne vous éloignerez guere des principes du bon gouvernement. La musique de ces temps est venue des anciens empereurs si sages, & leurs regles & leurs principes sont les mêmes. L'ancienne & la nouvelle ont pour objet des accords & l'harmonie, & l'une & l'autre peuvent produire le même effet, quoique la muſique moderne ne ſoit pas employée pour d'auſſi grands ſujets que l'ancienne.

Pourriez-vous, dit Si-Ven-Vam, m'expliquer comment l'amour de la muſique eſt lié avec un bon gou-vernement?

Prince, dit Memcius, la muſi-que & la joie, ou la ſatifaction, ſont à-peu-près la même choſe. Ce-lui qui aime une muſique qui ne plaît qu'à lui ſeul, éprouve-t-il une joie ou une ſatisfaction plus vraie & plus touchante que celui qui ai-me une muſique qui plaît aux au-tres?

Non, dit Si-Ven-Vam; la ſatis-faction du dernier eſt ſans compa-raiſon glus grande.

Permettez que je vous faſse encore une queſtion , dit Memcius. Celui qui aime une muſique qui ne plaît qu'à un petit nombre, éprouve-t-il une joie & une ſatisfaction auſſi vraie, auſſi touchante, que celui qui aime une muſique qui plaît au plus grand nombre ?

Le dernier, dit Si-Ven-Vam, éprouve ſans contredit une joie & une ſatisfaction plus vraie & plus ſenſible.

Permettez préſentement , dit Memcius, que moi, qui ne ſuis que votre ſujet, je vous entretienne un moment ſur la muſique, & que je vous prenne pour exemple.

Vous aimez beaucoup la ſymphonie ; mais lorſque vos peuples entendent le bruit des cinq inſtruments de votre muſique, ils baiſsent

la tête, froncent les fourcils, & fe
difent les uns aux autres : Voilà une
mufique qui charme notre roi ;
mais pourquoi nous a-t-il réduits
à une telle mifere, que le pere &
fes enfants ne peuvent plus fe voir
ni demeurer enfemble, que le mari
& la femme font obligés de fe féparer & de fe difperfer dans les
différentes parties du monde pour
y chercher le foutien d'une mal-
heureufe vie ?

Ce n'eft pas tout. Prince, vous
aimez la chafse ; & en entendant
le bruit confus des voitures & des
chevaux, en voyant flotter vos dra-
peaux & vos étendards, les peuples
baifsent la tête, froncent les fourcils, & difent encore : Pourquoi
notre roi nous a-t-il réduits à un

Tome I.   F

tel degré de misere & de calamité ?
D'où naissent ces plaintes & cette
tristesse ? c'est uniquement de ce
que le roi n'a ni les mêmes objets
de plaisir que son peuple, ni une
musique commune avec lui, ni la
même maniere de se réjouir.

Il en seroit tout autrement, si le
prince ne trouvoit du plaisir que
dans ce qui en cause au peuple ; &
si la musique & la joie du prince &
des peuples étoient les mêmes : alors,
en entendant le bruit des instru-
ments de musique, les peuples, la
gaieté & la sérénité peinte sur le
visage, s'écrieroient avec alégresse :
Sans doute notre roi jouit d'une
bonne santé ! Ils éprouveroient les
mêmes sentiments à la vue de l'ap-
pareil de votre chasse.

Prince, n'ayez point de bonheur que le peuple ne partage, & vous pourrez fans difficulté parvenir à l'empire.

Si-Ven-Vam, changeant de difcours, dit : Il me femble qu'on m'a raconté que le parc de Ven-Vam avoit foixante & dix ftades, cela eft-il vrai ?

Les anciens livres le difent ainfi, répondit Memcius.

N'étoit-il pas d'une grandeur excefsive ? ajouta Si-Ven-Vam.

Non, dit Memcius, & le peuple le trouvoit trop petit.

Le mien, répondit Si-Ven-Vam, n'a que quarante ftades, & cependant mon peuple le trouve trop grand.

Sire, dit Memcius, tout le monde pouvoit entrer dans le parc de Ven-

Vam, y cueillir des herbes, y prendre du bois, y chasser les faisans & les lievres : le parc étoit donc commun à Ven-Vam & au peuple ; voilà pourquoi le peuple ne le trouvoit pas trop grand : croyez-vous qu'il jugeât mal ?

Quand je suis entré sur vos terres, je me suis informé des loix du royaume, & principalement de ce qui étoit défendu. On m'a dit que votre royaume avoit cent stades, & que quarante étoient employées à former un parc dont l'entrée étoit interdite à vos sujets, & que si quelqu'un y entroit & tuoit ou blessoit un cerf, il étoit puni comme s'il avoit blessé ou tué un homme. Votre peuple n'envisage donc votre parc que comme un grand précipice creufé au milieu de votre royaume pour le malheur des hommes ; croyez-vous, fire, qu'il ait tort de trouver votre parc trop grand ?

Si-Ven-Vam, peu fatisfait des réponfes de Memcius, lui demanda s'il y avoit un art pour conferver avec les royaumes voifins une paix folide.

Sans doute, dit Memcius, & c'eft la piété & la prudence. Un prince pieux, fouverain d'un royaume plus puifsant, eft officieux & bienfaifant avec les princes dont les états font plus foibles. C'eft ainfi que Chin-Tam & Ven-Vam en ufoient : le premier, avec le roi du Ko ; le fecond, avec les peuples étrangers fitués à l'occident. Un prince prudent, lorfqu'il eft fouverain d'un état plus foible, rend hommage au plus puissant, & l'honore. C'est ainsi que Tay-Van, attaqué souvent par les peuples du nord, se soumit pour quelque temps à eux, & se déroba à leur domination en changeant de résidence. C'est ainsi que Keu-Ci-En, vaincu par On, se soumit à lui.

Un prince plus puissant qui oblige un plus foible & qui lui rend service, réjouit le ciel par sa piété; un prince plus foible qui se soumet à un plus puissant, rend au ciel un hommage respectueux par sa prudence. La piété qui réjouit le ciel, la prudence qui lui rend hommage, conservent également à l'empereur son empire & au roi son royaume; & c'est une vérité con-

fignée dans le livre des poéfies, où
un prince dit: « Je révere conftam-
« ment la redoutable majefté du
« ciel, & j'efpere par ce moyen
« conferver mon royaume. »

Que cette maxime eft belle ! dit
Si-Ven-Vam en foupirant ; & que
je voudrois bien la pratiquer ! mais
ma foiblefse ne me le permet pas ;
j'ai trop d'enthoufiafme & de paf-
sion pour le courage, & je ne peux
ni voir fans chagrin des princes plus
puifsants que moi, ni traiter honnê-
tement ceux qui font plus foibles.

Sire, dit Memcius, gardez-vous
d'eftimer le courage de ces petits
hommes qui tirent l'épée & me-
nacent quiconque manque aux é-
gards qu'ils croient mériter : ce courage a fon principe dans un tem-

pérament vif & bouillant ; il eſt petit & abjcct ; ce n'eſt pas même du
courage, c'eſt de la colere. Le courage que vous devez aimer, c'eſt
le courage qui n'a pour objet que
l'équité, & pour regle que la droite
raiſon.

Telle eſt l'idée que le livre des
poéſies nous donne du courage de
Ven-Vam : « Le roi de Mié avoit
« fecoué le joug de l'empereur, &
« après s'être emparé du royaume
« d'Yven, menaçoit d'envahir le
« royaume de Kum. Juſtement ir-
« rité contre l'uſurpateur, pour
« foutenir la gloire de la famille
« des Cheu, & fe prêtant aux vœux
« de tout l'empire, Ven-Vam leva
« une armée, difsipa les rebelles,
« & fit rentrer tous les princes dans
« le devoir. »

On voit par le livre des annales que Ven-Vam croyoit que toute la bravoure du prince devoit se réduire à punir les méchants & à protéger les innocents. Imitez, sire, le courage de Ven-Vam & sa colere pour rendre la paix à l'empire : aussitôt tous les peuples voleront à vous comme à leur sauveur.

Une autre fois Si-Ven-Vam, recevant Memcius dans sa maison de plaisance, lui dit : Croyez-vous qu'un sage puisse habiter ici ?

Un prince, répondit Memcius, desire de posséder ce qu'il aime comme le peuple; rien n'empêche qu'il ne se le procure : mais il ne faut pas qu'il en jouisse seul, ou avec quelques honnêtes gens ; il faut que le peuple se réjouisse de ce que le prince a du plaifir. Si un prince fe fait un fujet de joie de ce qui réjouit fes peuples, s'il s'afflige de ce qui les afflige, les peuples fe réjouiront de ce qui réjouit leur fouverain & s'affligeront de ce qui l'afflige : les fujets n'auront-ils pas le plus tendre & le plus inviolable attachement pour leur roi ?

Les annales de notre royaume fournifsent des exemples de cette vérité. Dans les fiecles précédents, Kim-Kum dit à fon miniftre Y·En : Je voudrois faire la vifite de mon royaume comme les anciens empereurs vifitoient l'empire; dites-moi comment cela fe pratiquoit.

Les premiers empereurs, dit le miniftre, faifoient tous les douze ans la vifite de tous les royaumes tributaires & feudataires pour en examiner l'adminiſtration auſſi-bien que la conduite des rois : tous les ſix ans les rois ſe rendoient à la cour de l'empereur pour y rendre compte de leur adminiſtration , & y être punis ou récompenſés.

De même les empereurs dans leur diſtrict , & les rois dans leur royaume , faiſoient chaque année deux fois la viſite , la première au printemps , & la ſeconde en automne : ils examinoient ſi les terres étoient labourées & enſemencées , & l'on faiſoit tirer des greniers publics ce qui manquoit aux habitants pour la culture des terres : dans la viſite de l'automne on examinoit l'état des moiſſons & des récoltes ; & ſi elles ne ſuffiſoient pas pour la subsistance des peuples, on y suppléoit en ouvrant les greniers publics.

Aujourd’hui les rois ne font la visite de leurs royaumes qu’escortés par une légion de deux mille cinq cents hommes, & traînent avec eux un cortege nombreux qui dévore la subsistance des peuples, & commet mille désordres ; le peuple opprimé, exténué par le travail, languissant de faim, & la rage dans le cœur, reproche au prince ses vices & sa tyrannie ; rien n’est plus naturel.

Semblables au pilote qui s’abandonne au courant rapide d’un fleuve sans songer à son retour, ces princes s’abandonnent à toute l’impétuosité de leurs desirs ou de leurs passions.

pafsions. Semblables à un pilote qui veut faire remonter fa barque contre le courant d'un fleuve impétueux fans fonger à fon retour, ces princes s'oppofent aux vœux & aux demandes de leurs fujets; ils pafsent leur vie à table ou à chafser inutilement.

Je vous ai expofé la conduite des anciens rois & celle des rois de nos jours, c'eft à vous de voir auxquels vous voulez refsembler.

A ce récit, Kin-Kum, tranfporté de joie, fit publier un décret pour le rétablifsement de l'ancien gouvernement, & pour le renouvellement des mœurs des peuples; il alla vifiter fon royaume, féjourna dans les campagnes pour connoître plus exactement le malheur

Tome I.   G

& la mifere des peuples, fit ouvrir
fes greniers & fes magafins pour
fubvenir aux befoins du peuple, &
voulut que l'on exprimât par la mufique la plus belle & la plus touchante la fatisfaction, le plaifir &
le bonheur qu'il avoit goûtés en
fuivant les confeils de fon miniftre
Yven, & celui dont Yven avoit
joui en voyant fon roi fuivre fes
confeils.

Les rois de Cy, par le laps du
temps, s'étoient emparés d'un territoire fur lequel étoit un palais
impérial bâti par la famille des
Cheu. La converfation de Memcius fur les vifites de l'empire par
les empereurs en rappella le fouve-
nir à Si-Ven-Vam, qui dit à Memcius qu'il y avoit des perfonnes qui

lui conseilloient d'abattre ce palais.

Vous ne devez pas l'habiter, dit Memcius ; mais ne le détruisez pas, si vous voulez suivre le gouvernement des anciens empereurs.

Voudriez-vous m'expliquer les principes de cet ancien gouvernement ?

Vous les trouverez tous dans l'administration de Ven-Vam. Ce prince n'exigeoit pour tribut des laboureurs que la neuvieme partie de la récolte : il donnoit aux veuves & aux enfants des ministres des pensions convenables : il n'imposoit aucun tribut sur les marchandises, soit du royaume, soit des pays étrangers ; elles entroient & sortoient sans payer aucun droit : la pêche n'étoit interdite à personne dans les rivieres, dans les étangs, & dans les lacs publics: on bornoit les châtiments au coupable, & jamais ils ne s'étendoient à sa femme & à ses enfants.

Quatre especes de personnes étoient principalement l'objet des soins & de la bonté de Ven-Vam, les vieillards qui n'avoient plus de femme, les femmes qui avoient perdu leur mari, les vieillards sans enfants, & les orphelins.

Quoique Ven-Vam se montrât pieux & clément pour tous ses sujets, il l'étoit cependant principalement pour ces quatre classes de malheureux, parcequ'étant dépourvus de tout secours, le prince devoit remplir à leur égard les devoirs des peres, des meres & des enfants.

Cela eſt très beau, dit Si-Ven-Vam.

Pourquoi donc ne le pratiquez-vous pas ? dit Memcius.

Je le voudrois bien , répondit Si-Ven-Vam ; mais j'aime à gagner de l'argent , je veux amaſser des ri-cheſses.

Vous pouvez en amaſser, dit Memcius, & devenir riche en ſui-vant les principes de ce gouverne-ment. On voit dans le livre des poéſies que le prince Kum-Lieu aimoit les richeſses, & que, ne poſ-ſédant qu'une petite dynaſtie, il s'occupoit beaucoup des moyens de s'enrichir ; il faiſoit en ſorte que ſes peuples euſsent de grandes meu-les de gerbes dans les champs, & des greniers remplis de bled: lorfqu'il eut enrichi fon état & qu'il l'eut pourvu de tout ce qui étoit nécef-faire à un peuple pour former un nouvel établifsement, il fe tranf-porta avec tout fon peuple dans un territoire de fes états beaucoup plus avantageux que celui qu'il occu-poit, où il bâtit une ville qui fut bientôt une des plus confidérables de l'empire.

Mais, dit Si-Ven-Vam, je n'aime pas feulement les richefses, j'aime encore la volupté.

Qu'importe? dit Memcius. Tam-Fu, furnommé l'ancien roi, ai-moit la volupté; il aimoit, dis-je, éperdument fa femme Kia. Conti-nuellement harcelé par les incur-fions des nations ennemies de l'occident, il réfolut d'aller s'établir au pied de la montagne de Ki, & fut fuivi par tout fon peuple; & le premier de fes foins fut d'emmener fon époufe.

Si un de vos miniftres, partant pour un long voyage, chargeoit un ami de veiller pendant fon abfence à ce que ni fa femme ni fes enfants ne manquafsent de rien, & qu'à fon retour il apprît qu'ils avoient beaucoup fouffert de la faim & du froid, comment penfez-vous qu'il traiteroit fon ami?

Il cefsera de l'être, dit Si-Ven-Vam.

Si le préfident d'un tribunal fou-verain ne veilloit pas fur la con-duite de fes fubalternes, s'il ne s'in-formoit pas de la maniere dont ils

adminiftrent la juftice, s'il per-
mettoit qu'on châtiât des innocents & qu'on renvoyât des crimi-
nels abfous ?

Je le renverrois, répondit Si-Ven-
Vam.

Mais fi un roi ne s'applique ni à
connoître ni à fuivre les principes
d'un bon gouvernement, s'il ne
fonge point à inftruire fes peuples,
s'il n'a pas compafsion de leur mifere, s'il ne foulage point les malheureux, s'il ne protege pas ceux
qui font fans appui, fire, que penfez-vous de ce prince ?

A ces mots Si-Ven-Vam rougit,
&, pour dérober à Memcius fon
embarras, regarda de côté & d'autre, & finit l'entretien.

Dans une autre converfation,

Memcius lui dit : Je vois, prince, que vous changez souvent de ministres.

Je les dépose parcequ'ils sont incapables, dit Si-Ven-Vam.

Il faut, dit Memcius, dans le choix de vos ministres, ne s'en rapporter ni aux grands ni aux courtisans; ils peuvent vous tromper par ignorance, par adulation, par intérêt; il ne faut pas même vous en rapporter au peuple, il peut être trompé : mais examinez celui qu'il désigne; asurez-vous par vous-même de sa capacité, de sa probité, de son désintéresement; & si vous trouvez un ministre qui ait ces qualités, conservez-le, quand même les grands & les courtisans réunis vous conseilleroient de le déposer.

Si-Ven-Vam changea de converfation, & dit : On raconte que le
prince Chin-Tam, après avoir dé-
fait l'empereur Kié, l'exila, & qu'il
mourut au bout de fix mois dans
le lieu de fon exil. On conte pareillement que le prince Ven-Vam
attaqua l'empereur Cheu, & le dé-
fit. Cela eft-il vrai ?

Les annales des empereurs, dit
Memcius, & plufieurs autres hifto-
riens, l'afsurent.

Cependant, dit Si-Ven-Vam,
l'empereur Kié & l'empereur Cheu
étoient de vrais empereurs : &
Chin-Tam, aufsi-bien que Ven-
Vam, n'étoient que feudataires ;
pouvoient-ils faire la guerre à leur
empereur & le détrôner ?

Les empereurs & les rois, dit

Memcius, font établis pour gouverner avec piété & avec équité les empires & les royaumes.

Si un empereur inhumain dépouille tout fentiment de piété, il eft le fléau & le brigand de l'empire ; fi, avare, il renonce à tout fentiment d'humanité, il eft le deftructeur de l'empire : or celui qui eft le fléau & le deftructeur de l'empire, n'eft plus cenfé empereur, mais un particulier ; & c'eft pour cela que j'ai toujours entendu dire qu'un particulier nommé Cheu avoit été puni de mort par Ven-Vam , & je n'ai jamais entendu dire que l'empereur Cheu eût été puni de mort par le roi Ven-Vam fon vafsal.

Memcius avoit fouvent confeillé, & toujours inutilement, à Si-

Ven-Vam de ne mettre dans l'adminiſtration que des hommes ſages.
Pour mieux faire ſentir à ce roi
l'importance de ſon conſeil, il lui
dit : Si un prince veut bâtir un palais grand & élevé, il envoie un
ouvrier habile pour chercher de
grands arbres; s'il en trouve, le
prince s'en réjouit, car avec ces
arbres il pourra faire des poutres
& des colonnes pour ſoutenir l'é-
difice : mais ſi un ouvrier ignorant
coupe mal ces arbres & les rend
trop foibles & trop courts, le prince
s'irrite, parceque les arbres ne ſont
plus propres pour l'édifice qu'il
veut élever.

Il faut de même qu'un prince
qui veut établir un bon gouvernement, appelle à lui ces hommes

fages qui, depuis l'enfance appli-
qués à l'étude de la fagefse, defirent d'employer dans un âge avan-
cé les connoifsances acquifes pendant toute leur vie.

Vous faites le contraire ; vous
dites à ceux que vous employez :
Renoncez à tout ce que vous avez
appris ; ne fongez qu'à feconder
mes projets de guerre & d'ambi-
tion. N'eft-ce pas comme fi vous
difiez : Coupez-moi ces hautes colonnes, ces grands appuis de la fagefse, & rendez-les inutiles. Vous
voulez qu'ils abandonnent tous
leurs principes, & qu'ils ne s'occupent qu'à fuivre toutes vos volon-
tés.

Dans ce temps-là, Quay, roi de
Yen, céda fon royaume à Tfu-

Tome I.   H

Chi son premier ministre. Cette abdication causa du trouble dans le royaume, & Si-Ven-Vam y entra avec une armée, battit les troupes, & prit sans résistance la métropole. Cette victoire seule sembloit lui asurer la conquête de tout le royaume. Il demanda à Memcius s'il pouvoit s'emparer du royaume d'Yen. Les sentiments sont partagés, dit Si-Ven-Vam : pour moi, je crois que je n'ai vaincu avec tant de facilité l'armée du royaume d'Yen ausi puissant que le mien, que par un ordre & une disposition secrete du ciel qui veut me donner ce royaume ; qu'en pensez-vous ?

Sire, répondit Memcius, si tout le peuple d'Yen se réjouit de votre invasion, emparez - vous du

royaume; fi au contraire le peuple
en eft fâché, renoncez à cette conquête. Si le peuple d'Yen vient
au-devant de vous avec alégrefse,
s'il apporte à vos légions du riz,
de la viande, du vin, c'eft une
preuve qu'il gémifsoit fous une dure tyrannie, & qu'il a recours à
vous comme un homme prêt à fe
noyer faifit la main de fon libérateur; alors fi vous le traitez avec
piété & avec bonté; il vous obéi-
ra : mais fi vous croyez que le droit
de conquête vous autorife à aggra-
ver le joug fous lequel il gémifsoit,
bientôt il fe réunira & appellera un
autre libérateur; pourrez-vous alors
conferver votre conquête?

Si-Ven-Vam s'empara du royaume d'Yen; mais bientôt les rois &

H ij

les princes voisins formerent une ligue contre lui : il s'adressa à Memcius pour savoir comment il pourroit la dissiper ou lui résister.

Sire, lui dit Memcius, lorsque vous avez paru avec votre armée dans le royaume d'Yen, les peuples ont accouru & se sont soumis à vous, parcequ'ils ont cru que vous veniez les venger de leurs tyrans. Les rois & les princes voisins, persuadés que la piété & l'humanité étoient le principe de la guerre que vous déclariez au roi d'Yen, ne lui ont porté aucun secours; mais présentement que la dureté de votre administration les a détrompés, ils craignent que, devenu plus puissant par la tranquille possession du royaume d'Yen, vous ne vouliez

envahir leurs états, & ils ont formé une ligue qui fera foutenue
par les peuples mêmes du royaume
d'Yen.

Vous n'avez qu'un moyen pour
conjurer cet orage, faites cefser les
vexations qui s'exercent dans le
royaume d'Yen; & comme Quay,
roi d'Yen, & fon miniftre Tfu,
auquel la couronne avoit été cé-
dée, font morts, afsemblez le peuple afin qu'il fe choififse un roi.
Après l'élection, retirez vos troupes & rentrez dans votre royaume
de Cy; gouvernez-le avec piété &
avec équité : alors les rois & les
princes ligués n'oferont vous attaquer, & n'en auront pas même le
defir.

ɩ Memcius, voyant que fes inftru6tions étoient inutiles, revint dans le royaume de Tsu sa patrie, où il fut plus utile.

Mo-Kum, roi de Tsu, venoit de perdre une bataille; il consulta Memcius sur ce malheur: Trente de mes généraux ont été tués sans que le soldat ait combattu; il est également dangereux de punir cette désobéïsance & de la laisser impunie: quel parti prendre?

Sire, lui dit Memcius, ce n'est pas la faute du soldat s'il n'a pas combattu, c'est parceque vous avez négligé de pourvoir à la subsistance de votre peuple. Dans ces dernieres années de stérilité, les vieillards, qui n'avoient pas afsez de force pour aller chercher leur vie au loin, se traînoient & tomboient dans un foſsé où ils périſsoient de faim & de foibleſse ; les jeunes gens ſe diſperſoient dans les différents états de l'empire, la rage & la haine dans le cœur. Cependant vos greniers regorgeoient de bled & votre tréſor d'argent, ſans qu'aucun de vos miniſtres vous ait conſeillé de ſecourir le miſérable peuple. Prince, lorſque les ſupérieurs ſont impitoyables pour les inférieurs, peut-on eſpérer que les inférieurs auront du zele & de l'affection pour les ſupérieurs ?

Le docteur Tſum dit : *Princes & magiſtrats, penſez-y, & comptez que ce qui ſortira de vous reviendra à vous.*

Vous connoiſsez par votre expérience la vérité de cette maxime.

Ni vous ni vos miniſtres n'avez ſecouru le peuple dans ſa miſere; il conſervoit depuis long-temps une haine qui n'attendoit qu'une occaſion pour éclater; il l'a enfin trouvée; il n'a pas voulu ſecourir des commandants qui n'avoient pas voulu le ſecourir. Ce n'eſt point au peuple, c'eſt à vous-même que vous devez reprocher cette défection.

Lorſqu'un prince exerce dans ſon adminiſtration la piété & la bonté, il donne à manger à ceux qui ont faim, il habille ceux qui ſont nuds; ſes miniſtres & ſes préfets s'empreſsent de l'imiter: alors le peuple ſait aimer ſon prince & ſes miniſtres, & ne craint point de mourir pour eux.

Memcius donne les mêmes conseils à Ven-Kum, roi de Sié; & comme ce prince lui difoit que fon royaume, quoique très petit, étoit entre des royaumes très puiffants, & lui demandoit comment il pouvoit échapper au péril qui le menaçoit, Memcius lui propofe l'exemple de Tay-Vam, qui, attaqué fans ceffe par les nations du nord auxquelles il ne pouvoit réfifter, affembla fes peuples, & leur dit : Je ne penfe pas qu'il faille faire égorger les hommes pour la poffeffion d'une terre deftinée à les nourrir, & il ne faut pas qu'un prince emploie à faire tuer les hommes les chofes que la nature a deftinées à leur confervation & à leur fubfiftance; j'abdique un royaume que je ne pourrois conferver que par l’effufion de votre fang, & je vais me tranfporter dans une contrée éloignée; choififsez en ma place un roi pieux & bon. Il fortit fur-le-champ de fa ville, & fe tranf-porta au pied du mont Ki, où il fe conftruifit une habitation : bientôt il y fut fuivi par tout fon peuple, qui ne put fe féparer d'un fi bon roi. Voilà un premier remede aux maux que vous craignez.

D’autres vous diront que les états n’ont été confiés aux fouve-rains que pour les conferver à leur poftérité, & qu’ils doivent les dé-fendre & périr plutôt que de les céder ou de les abandonner. Voilà le fecond parti que l’on peut pren-dre, choififsez.

Au reste, fongez que les grands
rois, aufsi-bien que les petits, n'ont
qu'un feul & même moyen pour
jouir d'une vraie tranquillité, la
pratique de la vertu.

CHAPITRE III.

M E M C I U S , retiré dans fa patrie,
& n'allant plus à la cour, s'occupa
à former des difciples. Un d'eux,
nommé Kum - Sun - Cheu, originaire du royaume de Cy, lui dit:
Sous le regne de Van-Kum & fous
celui de Kin-Kun on vit deux premiers miniftres illuftres par leur
habileté, par leur fagefse & par
leur courage: fi vous étiez premier
miniftre, pourriez-vous vous pro-

mettre de faire revivre leur belle administration ?

Pourquoi ne me propofez-vous que ces deux modeles ? dit Memcius : n'y a-t-il donc point d'autres perfonnages diftingués par leur habileté, par leur vertu, & par leurs connoifsances dans l'art de gouverner ?

Mais, dit Kum-Sun-Cheu, c'eft par les confeils, l'habileté, le courage de Quen-Chun que le prince Ven-Kum eft devenu le chef de tous les rois, & la prudence de Ten-Tfu a rendu le nom du prince Kien-Kum célebre dans tout l'empire ; croyez-vous qu'il fût indigne de vous de les imiter ?

Oui, dit Memcius ; car ces miniftres, au lieu d'inftruire leurs princes du grand art de gouverner suivi par les anciens empereurs, ne leur ont inspiré qu'une vaine oftentation de puifsance militaire & d'une grande célébrité. Or fi j'étois premier miniftre du royaume de Cy, & que je fervifse un prince qui defirât de bien gouverner, je pourrois lui apprendre l'art de gouverner & de s'élever à la monarchie aufsi facilement que je peux tourner la main.

J'étois étonné, dit Kum-Sun-Cheu, de vous entendre dire que Quan-Chum & Yen-Tfu n'étoient pas des modeles à vous propofer; je le fuis bien davantage lorfque je vous entends dire que vous pouvez élever le royaume de Cy à la monarchie avec autant de facilité que

Tome I.

vous pouvez tourner la main. Le prince Ven-Vam, d'une si éminente vertu, pendant une vie de près de cent ans ne put parvenir à cette monarchie ; & ses deux fils, Vu-Vam & Cheu-Kum, suivirent son projet avec une constance infatigable. Le premier détrôna Cheu qui régnoit tyranniquement, & le second rétablit les loix, les rites, la musique : or ce ne fut qu'alors qu'ils régnerent sur tout l'empire, & que l'on vit fleurir la doctrine du bon gouvernement.

Les temps étoient différents, dit Memcius. Depuis Chin - Tam , fondateur de la famille impériale des Xam, il y avoit une succession de soixante & sept empereurs de la même famille, qui presque

tous avoient gouverné avec une fagefse & une vertu finguliere, & fait
contraƈter au peuple une longue
habitude de foumifsion à cette famille , qui rendoit très difficile
une révolution dans l'empire. Bien
plus, quoique fous l'empereur Vu-
Tain l'empire eût perdu de fa force
& de fa fplendeur, cependant l'ancien gouvernement fubfiftoit encore, & un feul mot de l'empereur
pouvoit encore faire venir à fa cour
les rois & tous les princes feudataires , & rétablir l'autorité impériale dans fa vigueur aufsi facilement que je peux tourner la main.

L'empereur Vu - Tim n'étoit
mort que depuis quelques années
lorfque Cheu exerça fur l'empire
un gouvernement tyrannique. Les

anciennes familles des ministres fideles n'étoient pas éteintes ; l'amour de l'honnêteté, de l'équité & des loix s'étoit transmis, & l'ancienne forme du bon gouvernement s'étoit perpétuée & subsistoit encore. D'ailleurs les deux freres de l'empereur & son premier ministre O-Ki-Ko-Kié, doués d'une prudence, d'une sagesse & d'une vertu éminente, restoient fideles à Cheu & défendoient son autorité. Ajoutez à cela qu'alors il n'y avoit presque pas dans tout l'empire un pouce de terre qui n'appartînt à la famille impériale, ni un peuple qui ne lui fût soumis ; au contraire, le prince Ven-Vam n'avoit qu'un fief à peine de cent stades. Vous voyez les obstacles que Ven-Vam avoit à sur-

monter pour s'élever à la monarchie.

Le royaume de Cy en trouveroit
infiniment moins pour exécuter le
même projet.

Depuis la fondation de l'empire
on n'a point vu une aufsi longue
époque fans un feul prince qui ait
connu & pratiqué les maximes d'un
bon gouvernement, & où les peuples aient refsenti aufsi cruellement
les effets d'une mauvaife adminiftration. Je ne doute donc point que
fi un prince élevoit l'étendard d'un
gouvernement pieux & bon, tous
les peuples qui gémifsent fous le
poids de l'opprefsion, de la mifere
& de l'indigence, n'accourufsent à
lui & ne demandafsent à vivre fous
fon autorité.

Si le roi de Cy vouloit commencer à établir dans son royaume le gouvernement de la piété & de l'équité, tous les peuples qui gémissent depuis long-temps sous le joug de la plus dure tyrannie, semblables à un homme que l'on détache d'une potence à laquelle il étoit suspendu la tête en bas, se livreroient à des transports de joie.

Supposons, dit Kum-Sem-Cheu, que, par une faveur signalée de la fortune, vous soyez premier ministre du royaume de Cy, & que vous y établissiez une administration conforme aux principes du grand art de gouverner, n'éprouveriez-vous ni perplexités dans votre esprit sur la solidité de votre doctrine, ni crainte dans son application à l'adminiſtration ?

Je ne le crois pas, dit Memcius ; car depuis que j'ai atteint l'âge de quarante ans, aucune choſe n'a dérangé ni mes principes ni mes affections. Croyez-vous donc que cela ſoit ſi difficile ? Le vieux ſophiſte Kao-Tſu ſavoit peu de choſes & ſe trompoit beaucoup ; cependant c'eſt à lui que je dois la connoiſſance des moyens d'affermir ſon cœur & ſon eſprit.

Y auroit-il donc des principes ſûrs pour arriver à cet état ? dit le diſciple.

Sans doute, dit Memcius. Vous avez entendu parler du courage de Pé-Kum-Yene. Au milieu des combats ſon cœur étoit ferme & inaltérable comme s'il eût été de diamant. La plus légere offenſe qu'il croyoit recevoir le bleſſoit & l'irritoit, comme un ſoufflet qu'il auroit reçu au milieu du palais; & il pourſuivoit avec la même intré-pidité l'injure que lui faiſoit un roi & celle que lui faiſoit l'homme du peuple. Il ſe croyoit en droit d'attaquer les rois qui comman-doient à dix mille chariots de guer-re comme le moindre plébéien : tant il étoit peu intimidé par la re-doutable majeſté des rois. En un mot, on pouvoit lui ôter la vie, mais non le courage & l'intrépi-dité.

Vous avez auſſi entendu parler de l'intrépidité de Mem-Xo-Xé. Il diſoit : Lorſqu'il faut combattre l'ennemi, je ne ſuis pas plus ému de la victoire que de la défaite.

Ces deux hommes étoient certainement au-dessus de la crainte; cependant ils n'avoient pas le vrai courage du sage, qui naît de l'équité & de la droite raison.

Il y a deux sortes de courage, celui des petits esprits & celui des grandes ames : les premiers obéissent à l'impétuosité d'un tempérament bouillant, à l'effervescence d'une bulle de sang; les seconds suivent les ordres de la droite raison.

Me permettriez-vous, dit le disciple, de vous demander quelle méthode vous suivez pour arriver à cette inébranlable tranquillité d'ame, & par quels moyens le sophiste Kao-Tsu y étoit parvenu?

Voici, dit Memcius, la doctrine
du sophiste : « S'il y a des discours
« ou des choses que vous n'enten-
« diez pas, ne faites aucun effort
« pour les entendre, & mettez pour
« ainsi dire de côté ces discours &
« ces choses, car l'effort que vous
« feriez pour les pénétrer causeroit
« du trouble & de l'agitation dans
« votre cœur ; ensuite si votre es-
« prit ne voit pas clairement l'é-
« quité d'une chose , n'épuisez
« point l'activité de votre ame pour
« l'exécuter, mais arrêtez pour ainsi
« dire votre esprit, & tenez-le tran-
« quille, »

Voilà la doctrine du sophiste,
qui est en partie vraie & en partie
fausse. Il a raison lorsqu'il dit, *Si*
l'esprit ne voit pas asez bien l'é-

quité d'une chose , *ne déployez pas l'activité de votre ame pour l'exé-cuter ;* mais il a tort lorsqu'il dit, *Si vous ne comprenez pas une chose, ou le sens d'un discours , ne faites point d'effort pour le comprendre,* car il ne faut pas éteindre la lumiere de la raison.

La premiere chose qu'il faut considérer dans l'homme, c'est l'esprit qui doit conduire & diriger son activité. C'est pour cela que l'on dit : Ayez soin d'éclairer votre esprit , & conservez soigneusement ses lumieres, afin qu'il puisse exercer son empire & entretenir ou augmenter votre activité , afin qu'elle puisse toujours exécuter les ordres de l'esprit : il faut également exer-

cer ces deux facultés de l'ame humaine, fa capacité de penfer & fon
activité; elles font également nécefsaires à l'homme.

Lorfque par mon efprit j'ai pénétré les vraies raifons des chofes,
je n'éprouve ni doute ni perplexi-
té; je vois clairement ce que l'é-
quité prefcrit, & l'activité de mon
ame l'exécute : rien alors ne peut
porter le trouble dans mon cœur ni
l'ébranler dans fes réfolutions. Ainfi
un homme qui exerce fon efprit &
l'activité de fon ame, acquiert une
force capable de vaincre tous les
obftacles & de réfifter à toutes les
attaques. Il eft nécefsaire d'exercer
également & l'efprit & l'activité :
fans l'activité, l'efprit eft pour ainfi
dire

dire vuide, & n'a la force ni de difsiper les doutes ni de s'élever au-defsus de la crainte.

Ce n'eſt au reſte que peu à peu, & par un exercice long & preſque continuel de la juſtice, que l'activité de l'ame ſe perfectionne, & non par une ou deux actions qui n'ont pour objet que de jetter un voile extérieur ſur le cœur. Un acte de juſtice qui n'eſt pour ainſi dire qu'extérieur, & qui s'exerce ſans que l'ame en ſoit véritablement & vivement affectée, ne remplit point les beſoins du cœur ; & lorſque le cœur n'eſt pas ſatisfait, l'eſprit eſt comme vuide & comme tourmenté par la faim. Vous voyez par-là que la perfection de la juſtice naît du cœur, & réſide dans le cœur.

Tome I.   K

Quoiqu'il soit nécefsaire de s'exercer conftamment & fans relâche à la pratique de la juftice pour arriver à cette tranquillité imperturbable de l'ame, il n'y a cependant point de temps déterminé pour cela, & il ne faut pas y renoncer, parceque l'on n'arrive pas à cet état même après un travail long & conftant. Celui qui veut s'y élever fubitement & avec célérité refsemble à ce laboureur qui, voyant que fes blés ne croifsoient pas afsez vîte, les éleva en les déracinant, &, rentrant bien fatigué chez lui, dit à fes enfants: Je fuis extrémement fatigué; mais j'ai procuré un grand accroifsement à nos blés. Les enfants ne comprirent rien à ce qu'il difoit; mais allant vifiter leurs blés

le lendemain, ils les trouverent
defséchés & morts. Parmi ceux qui
entreprennent de s'élever à la juftice dont nous parlons, combien y
en a-t-il qui, femblables à notre
laboureur, perdent par une ardeur
imprudente le fruit de leurs premiers efforts ! combien d'autres
qui, perfuadés qu'ils ne font point
de progrès, renoncent à leur projet ! Ce découragement au refte
eft moins nuifible que l'aveugle
impétuofité des premiers, car au
moins ils ne perdent pas leur moif-
fon, & font femblables au laboureur qui néglige d'arracher l'ivraie
de fon champ; mais les premiers non
feulement ne font point fructifier
leurs blés, ils les arrachent & dé-
truifent abfolument leur moifson.

K ij

Il y a, difoit Memcius, deux manieres de gouverner ; l'une eſt fondée ſur une piété ſimulée, & l'autre ſur une piété vraie & ſincere. La premiere eſt celle des empereurs modernes ; la ſeconde eſt celle des anciens empereurs. Employer la force & les armes pour ſe donner l'apparence de la piété, c'eſt la maniere des nouveaux empereurs, & ils ont beſoin de la puiſsance d'un grand état pour ſe foumettre les princes tributaires & pour en devenir les chefs. Employer l'exemple de ſes vertus pour conſerver la patrie, c'eſt la maniere des anciens empereurs, & ils n'a‑voient pas beſoin d'un grand état pour foumettre à leur puiſsance les peuples & les rois. Chun-Tam &

Ven‑Vam , rois de deux états ,
dont l'un avoit foixante & dix fta‑
des & l'autre cent , en élevant l'é‑
tendard d'un gouvernement pieux ,
parvinrent à l'empire. Or comme
la piété des nouveaux empereurs
eft fimulée ou faufse , & que celle
des anciens empereurs eft vraie &
fincere , de même les peuples ont
pour les premiers une foumifsion
fimulée , & une foumifsion fincere
pour les feconds. Les archontes ,
par la force des armes , foumettent
les hommes & non pas leur cœur ;
les empereurs , par les charmes de
leurs vertus , fe foumettent les
hommes & les cœurs.

Il n'y a point d'homme qui n'ai‑
me la gloire & qui ne craigne l'igno‑
minie : or la gloire & l'ignominie

font l'effet des vertus ou des vices des princes. Aujourd'hui les princes craignent le déshonneur, & cependant ils s'abandonnent tous au vice : n'est-ce pas comme si, craignant l'humidité, ils vouloient habiter dans un lieu bas & humide ?

S'ils craignoient véritablement le déshonneur, ne prendroient-ils pas le seul moyen de l'éviter ? Il n'y en a point d'autre que de vaincre ses mauvaises inclinations, de n'estimer que la vertu, d'honorer les lettres, d'élever aux premieres dignités les personnes les plus illustres par leur sagesse & par leurs vertus, & de charger des différentes fonctions de l'administration les personnes les plus distinguées par leurs lumieres & par leur capacité,

que de profiter de la paix & de la
tranquillité publique pour porter les
meilleures loix civiles & criminelles.
Un prince qui fuivra ces maximes
verra bientôt fa gloire & fa puifsance s'élever avec la gloire& la puifsance de fon royaume : perfonne
n'ofera l'infulter ou l'attaquer ; &
les rois les plus puifsants le refpecte-
ront & ambitionneront fon amitié.

Le livre des poéfies peint cette
fage conduite fous l'embléme d'un
oifeau qui, dans le beau temps,
conftruit un nid pour fe garantir
lui & fes petits de la pluie, des ferres
du milan & des attaques des chaf-
feurs. « Avant que le temps des
« pluies arrive, je recueille l'écorce
« des racines du mûrier, &, entre-
« laçant fes filaments, je conftruis

« les murs de ma petite habita-
« tion, & j'affermis les ouvertures;
« lorsque j'y serai renfermé, je ne
« craindrai ni la pluie ni le milan,
« ni même les hommes : l'homme
« rampant sur la terre oseroit-il
« m'attaquer dans une retraite aussi
« élevée au-dessus de lui ? & quand
« il en auroit la témérité, pourroit-
« il me porter quelque atteinte ? »

Confucius disoit que l'auteur de ces vers connoifsoit bien l'art de gouverner. Car que peut craindre un prince qui dans un temps de paix & de calme appelle au minif-tere & place dans les charges les hommes sages & habiles, qui profite de leurs avis, qui établit les meilleures loix, les meilleures mœurs, les meilleurs principes ?

quel ennemi oferoit l'attaquer ou lui déclarer la guerre?

Mais aujourd'hui les princes confacrent ce temps de paix & de calme à la volupté, à la molleſſe, au faſte & au luxe, fans s'occuper du gouvernement de leur état : alors les peuples s'indignent, le trône eſt chancelant, & l'ennemi pénetre de toutes parts dans le royaume : à quel autre qu'à lui même un prince peut-il imputer ces malheurs?

C'eſt donc de nous-mêmes que viennent le bonheur & le malheur, l'honneur & le déshonneur. Le livre des poéſies dit : « Un « prince qui ſuit conſtamment la « droite raiſon & ſe conforme à la « loi du ciel, obtient tous les biens, « & arrive au comble du bonheur. »

On lit dans le livre des annales :
« La pratique de la vertu peut évi-
« ter ou rendre supportables les
« calamités qui viennent du ciel ;
« mais nous ne pouvons ni nous
« dérober ni résister au malheur
« que nous attirons sur nous en
« nous abandonnant à nos passions
« déréglées. »

La nature a mis dans tous les hommes une disposition à la piété, qui leur fait ressentir le mal des autres : mais, hélas ! la plupart des hommes étouffent par leurs inclinations dépravées & vicieuses cette précieuse sensibilité ; on ne la trouve dans toute sa pureté & avec toute son énergie naturelle que dans les anciens empereurs, & ils ne suivoient que ses inspirations dans le gouvernement des peuples. Un prince doué de cette humanité tendre & compatissante, qui en fait la regle de sa conduite, & qui ne s'en écarte point, gouverne son royaume avec autant de facilité que s'il le tenoit dans sa main.

Mais comment discerner ce penchant naturel, & comment s'assurer qu'il existe en effet dans tous les hommes ? par une seule expérience. Un enfant est sur le point de tomber dans un puits ; il n'y a point d'homme qui n'en soit effrayé & qui ne vole à son secours : il ne pense ni à rendre service au pere ou à la mere, ni à s'attirer des éloges, ni à éviter le reproche d'être insensible & féroce ; il obéit à l'impulsion naturelle de l'humanité

& de la commifération. On peut exagérer ou feindre un fentiment lorfqu'on n'agit que par réflexion & après avoir délibéré ; mais une action qui n'eft ni délibérée ni réfléchie eft l'ouvrage de la nature.

On ne doit donc pas compter au nombre des hommes celui qui eft dépourvu de cette fenfibilité tendre & compatifsante, puifqu'il manque d'une qualité efsentielle à la nature humaine. Ce que je dis d'un homme fans humanité, je le dis de celui qui commet une méchanceté fans remords, ou qui la voit commettre fans émotion : je n'héfite point à le retrancher de la clafse des hommes. — Je retranche pareillement de la clafse des hommes celui qui ne veut ni déraciner de ſon eſprit la ruſticité & la brutalité, ni pratiquer envers les autres l'urbanité. Enfin je retranche de la claſſe des hommes celui dont l'eſprit ne peut diſcerner ni le mal qu'il doit haïr, ni le bien qu'il doit aimer; car la nature ayant dépoſé dans le cœur humain les germes ou les principes de l'humanité, de l'équité, de l'honnêteté, de l'intelligence, toutes ces qualités ſe développent auſſitôt que les objets deſtinés à les faire agir ſe préſentent.

Ainſi l'émotion que cauſe en nous la vue d'un malheureux, eſt une preuve de l'exiſtence de l'humanité dans notre cœur, que le ſpectacle du malheureux fait pour ainſi dire étinceler. Ainſi la honte & l'indignation qui éclatent ſur notre

vifage lorfque nous commettons
ou que nous voyons commettre une
mauvaife action, eft un indice fûr
de l'équité que nous avons au fond
du cœur, & que la vue d'une action
malhonnête fait pour ainfi dire é-
tinceler. Ainfi la répugnance que
nous marquons pour l'impolitefse
& pour la brutalité, les actions
d'urbanité que nous faifons prefque machinalement, annoncent le
fentiment de l'honnêteté que nous
avons dans le cœur, & le font pour
ainfi dire étinceler. Ainfi l'averfion
ou l'amour que nous marquons fubitement, & même fans réflexion,
pour le mal & pour le bien, eft
comme une étincelle de la prudence
que la nature a dépofée dans notre
cœur.

Ces qualités ou ces vertus font des apanages de la nature humaine, comme les pieds & les mains. Ainfi celui qui dit qu'il ne peut pratiquer ces vertus, perd volontairement fon cœur & fon efprit ; & fi un miniftre dit que fon prince ne peut pratiquer ces vertus , il perd volontairement fon prince. Puis donc que tous les hommes reçoivent de la nature même les principes de ces vertus, il faut qu'ils donnent tous leurs foins à bien difcerner leurs impulfions, à les fuivre fidèlement , à les exécuter fcrupuleufement : alors, femblables à un incendie qui augmente à mefure qu'il fe communique, & que rien ne peut éteindre ; femblables à un fleuve qui s'accroît fans cefse &

que l'on ne peut arrêter, leurs vertus feront des progrès continuels, & feront capables de réfister à toutes les épreuves & de furmonter toutes les difficultés. Voilà pourquoi celui qui fuit exactement tous les mouvements de la piété, de l'équité & de l'honnêteté, peut diriger & gouverner tout l'empire; au contraire, celui qui néglige ces vertus ne rend pas même à fes parents les devoirs les plus indifpenfables.

Ainfi quoique la nature fafse naître tous les hommes avec les mêmes principes de vertus, & qu'elle leur donne à tous les mêmes penchants, ils ont cependant des mœurs & des affections différentes felon les habitudes qu'ils contractent.

L'ouvrier qui fabrique les fleches a un principe naturel d'humanité auffi-bien que l'ouvrier qui fait les cuiraffes; cependant le premier defire de faire des fleches qui tuent les hommes, & le fecond des cuiraffes qui les garantiffent de la mort. Cet exemple fuffit pour faire voir de quelle importance font les premieres habitudes & le choix des objets auxquels on applique fon efprit.

Confucius difoit : Il n'y a perfonne qui n'eftime un bourg où la piété eft florifsante. N'eft-ce donc pas une imprudence inexcufable fi, ayant à fe choifir un domicile, on ne choifit pas celui de la piété ?

Cette piété ou cette humanité naturelle eft en effet la dignité refpectable du ciel, l'habitation tranquille & paifible de l'homme, & perfonne ne nous empêche de nous y établir: n'êtes-vous donc pas imprudent fi vous n'y habitez pas?

Celui qui ne veut pas fe fixer dans la piété ne manque pas feulement de prudence, mais encore d'équité & d'honnêteté. Celui qui eft privé de ces vertus, devient l'efclave des hommes fages ou puiffants. Un homme qui rougit de fa fervitude eft comme le fabricant de fleches qui rougit de fon métier. Or le fabricant de fleches ne peut fe garantir de cette honte qu'en renonçant à fon métier. Il en eft de même de celui qui eft devenu efclave pour avoir renoncé à la piété: s'il a honte de fa fervitude, qu'il change de mœurs, qu'il fuîve la piété. Il n'y a point de moyen plus sûr pour échapper à cette honteuse servitude que de renoncer au vice & de se réfugier dans le noble & tranquille asyle de la piété : & ce n'est pas une entreprise difficile ; elle dépend de nous, & de nous seuls, parceque l'exercice de la piété est en vous & en votre pouvoir, comme il dépend de celui qui tient à sa main une fleche de la lancer ; s'il ne lance pas la fleche, ou s'il n'atteint pas le but, il ne doit pas l'imputer aux vainqueurs, mais à lui-même. Il en est ainsi de celui qui ne pratique pas la piété, il ne doit l'imputer qu'à lui-même.

Pour vous former une idée de l'ardeur avec laquelle les anciens éleves de la sagesse s'appliquoient à acquérir ces vertus, rappellez-vous l'exemple de plusieurs disciples de Confucius.

Le grand Chun les surpasse tous; il regardoit la vertu non comme un bien particulier, mais comme un bien commun, & qui appartenoit à tous les hommes. S'il appercevoit en lui quelque défaut, il le-corrigeoit sans chagrin pour se conformer à la vertu des autres, & tâchoit d'acquérir toutes les perfections qu'il remarquoit en eux pour augmenter la masse des vertus du genre humain, si je peux m'exprimer ainsi. C'est ce qu'il a pratiqué dans tous les états de sa vie; non seulement lorsqu'il cultivoit les campagnes, ou qu'il exerçoit la profession de potier, & qu'il gagnoit ſa vie à pêcher, mais encore lorſqu'il fut parvenu à l'empire. Obſerver & recueillir pour ainſi dire les vertus des autres pour les pratiquer ſoi-même, c'eſt en effet rendre la vertu commune, parceque par ſon exemple on excite les autres à la vertu comme on·y a été excité par l'exemple de ceux que l'on imite.

CHAPITRE IV.

Trois choſes ſont néceſſaires pour réuſſir dans la guerre : le choix du temps, l'avantage du terrain, l'union de ceux qui attaquent ou qui défendent une place ; mais cette derniere condition eſt la plus

nécefsaire. Suppofez une ville im-
prenable par la bonté de fes forti-
fications , par le courage & par
l'habileté des afsiégés ; vous ne la
prendrez pas , dans quelque temps
que vous l'attaquiez : fuppofez que
la difcorde & la difsention fe met-
tent entre les chefs & les troupes ,
la même ville fuccombera bientôt
& fera emportée. Ainfi l'union &
la difcorde font dans la guerre la
chofe la plus nécefsaire pour réuf-
sir.

Voilà pourquoi l'on dit commu-
nément que la sûreté des états ne
dépend ni des montagnes , ni des
défilés , ni des fleuves qui le bor-
nent, ni de la bravoure & de la dif-
cipline des troupes, mais de l'attachement, de la fidélité, de la bonne

diſpoſition des eſprits & des cœurs.

Ainſi un prince qui, par ſa piété & par ſon équité, gagne les eſprits, a toujours beaucoup de défenſeurs, tandis que le prince qui mépriſe la piété & l'équité n'en peut trouver. Il y a plus : lorſqu'un prince néglige l'équité & la piété, non ſeulement ſes ſujets & ſes ſoldats, mais encore ſes généraux, ſes parents, ſes alliés, l'abandonnent. Ainſi un prince pieux & équitable qui attaque un prince ſans piété, en triomphe ſans peine, quelque étendu & quelque peuplé que ſoit ſon royaume.

Memcius étoit dans le royaume de Cy : le roi deſiroit de le voir; mais il ne vouloit pas lui rendre une viſite, ainſi que les rites le prescrivent : il fit dire à Memcius qu'une indisposition l'avoit empêché de l'aller voir comme il se le proposoit, & qu'il espéroit qu'il le verroit le lendemain à la cour où il recevoit les grands. Memcius, de son côté, feignit une maladie, & n'alla point à la cour.

Un ministre du roi de Cy en fit des reproches à Memcius : voici, lui dit-il, ce que le livre des rites prescrit : « Il ne faut pas tarder à « répondre au prince qui vous ap- « pelle, ni attendre un char pour « se rendre au roi qui vous in- « vite. «

Ce précepte, répondit Memcius, ne regarde que les sujets du roi, & non moi qui suis étranger.

Le sage Tsem - Tsu , ajouta

Memcius , difoit : Les rois des grands royaumes de Cin & de Tfou pofsedent de grandes richefses ; mais ils font riches par leur opulence , & moi je fuis riche par ma piété. Celui qui eft riche fans rien recevoir, même du roi, n'eft-il pas riche par tout le monde, & le plus riche de tout le monde ? Les rois font nobles par leur dignité , moi je fuis noble par mon équité. Celui dont la noblefse eft indépendante de la dignité du roi n'eft-il pas noble par tout le monde, & le plus noble du monde ? De quoi donc ai-je befoin ? difoit Tfem-Tfu.

Croyez-vous que ce difcours fût contraire à l'équité ? non certainement ; il vouloit dire qu'il y a trois fortes de chofes qui font principalement confidérées dans le monde; l'élévation de la dignité, l'émi-nence de l'âge, l'illuftration qui naît de la fcience unie à la vertu. Ce que l'on honore le plus dans le palais, c'eft la dignité du roi; la fupériorité de l'âge eft ce que l'on honore le plus dans la fociété des citoyens & dans le commerce de la vie; l'illuftration qui naît de la fcience unie à la vertu, eft ce que l'on honore le plus dans l'école des fages, qui peut feule élever les em-pires & gouverner les peuples.

Dites-moi, je vous prie, com-ment celui qui ne pofsede qu'une de ces trois chofes peut traiter avec dédain celui qui en pofsede deux. Comment votre roi peut-il m'ap-peller à lui comme fi j'étois fon fujet ?

Dans tous les temps, lorſqu'un roi a voulu exécuter quelque projet important, appaiſer des ſéditions, rétablir la paix, il a eu recours aux conſeils des ſages ; & lorſque parmi eux il y en avoit qu'il n'étoit pas en droit de mander, il alloit les voir. Voilà quels ſont de temps immémorial les rites entre les ſages & les rois.

Autrefois les rois apprenoient des ſages l'art de gouverner, & ne faiſoient point difficulté de les viſiter. Ainſi le prince Chin-Tam, inſtruit par le ſage Y-Yu dans l'art de gouverner, l'éleva à la dignité de premier miniſtre, & parvint à l'empire. Mais aujourd'hui les princes & les rois étant à-peu-près égaux en puiſsance & en vertus, veulent des miniftres qu'ils puifsent inftruire, & non qui les inftruifent.

Un difciple de Memcius lui dit: Vous avez refufé deux mille quatre cents taëls d'orge que le roi de Tfi vous offroit, & vous en avez reçu feize cents du roi de Song & douze cents du roi de Sié: n'y a-t-il point d'inconféquence dans ces procédés?

Non, dit Memcius. Lorfque j'étois dans le royaume de Song, je partois pour un long voyage, & les loix de l'urbanité prefcrivoient d'offrir dans ces circonftances un préfent pour aider dans les frais du voyage; & ce fut ce que le roi me dit en m'offrant fon préfent. Lorfque j'étois dans le royaume de Sié, tout retentifsoit du fracas de l'ap-

pareil de la guerre ; on étoit mena-
cé d'une irruption prochaine des
ennemis , & il y avoit à craindre
qu'au milieu du trouble & de l'a-
gitation je manquasse des choses
les plus nécessaires , & l'équité
aussi-bien que l'urbanité prescri-
voient de m'offrir un présent , &
ce fut ainsi que le roi me l'offrit.
« J'ai appris, me dit-il, que le
« tumulte & l'agitation où vous
« voyez mon royaume vous met-
« tent dans l'inquiétude ; c'est pour
« calmer votre esprit que je vous
« offre ce léger présent ». J'avois,
comme vous le voyez, une bonne
raison pour le recevoir.

J'ai au contraire refusé le présent du roi de Cy , parcequ'il n'a-
voit aucune raison de me l'offrir ,

& qu'offrir un présent sans raison,
c'est donner de l'argent. Où trou-
verez-vous un homme qui se laisse
prendre par de l'argent?

Memcius étant dans la ville de
Pin-Lo du royaume de Cy, y vit la
plus affreuse désolation causée par
la stérilité de la terre; une partie
des habitants mouroit de faim, les
autres se dispersoient pour chercher dans les contrées les plus éloi-
gnées une foible subsistance : il
alla voir le gouverneur, & lui dit :
Si, lorsque vos soldats sont sous
les armes, un d'eux quittoit trois
fois son poste, ne le feriez-vous
pas punir? Je n'attendrois pas, dit
le gouverneur, qu'il fit trois fois la
même faute; il seroit châtié dès la
premiere.

Que penfez-vous donc de vous-méme ? n'avez-vous pas abandonné votre pofte de gouverneur pendant ces triftes années de ftérilité ? Combien de milliers d'hommes courbés fous le poids des années tombent de langueur & de foiblefse, tandis que ceux qui ont encore de la force fe difperfent dans tout l'empire pour y chercher leur fubfiftance !

Je voudrois, dit le gouverneur, apporter quelque remede à ces maux ; mais je ne peux ni diminuer les impôts, ni ouvrir les greniers publics & le tréfor du roi.

Mais , répondit Memcius, fuppofons qu'un homme fe charge du foin des troupeaux d'un autre, ne lui demandera-t-il pas des pâturages &

des fourrages pour les nourrir ? &
s'il ne peut en obtenir, ne lui remet-
tra-t-il pas son troupeau, & ne re-
fusera-t-il pas d'en prendre soin ?
pourroit-il voir périr sous ses yeux
ces malheureux troupeaux ? Vous
êtes le pasteur de ce misérable peuple, ne devez-vous pas demander
au roi des vivres pour le nourrir ?
& si vous n'en pouvez obtenir, ne
devez-vous pas abdiquer votre gouvernement plutôt que de voir tranquillement périr tant de malheureux ?

Le gouverneur sentit vivement
sa faute, & dit en soupirant : J'ai
commis une faute, & je suis inex-
cusable.

Le lendemain Memcius sortit de
la ville, & s'étant rendu à la cour

de Si-Ven-Vam , lui raconta son
entretien avec le gouverneur : « Hé-
« las ! dit le roi, je fuis plus cou-
« pable que les gouverneurs ; car le
« roi eft obligé de procurer des ali-
« ments aux peuples , & les gou-
« verneurs ne font que les miniftres
« de fes ordres. »

Il y avoit dans ce même royau-
e de Cy un miniftre qui avoit
référé la charge de préfident de la
uftice au gouvernement de la ville
e Sim - Kien. Vous avez fans
oute préféré cette premiere place ,
ui dit Memcius, parcequ'étant tou-
ours auprès de la perfonne du roi ,
ous pourriez l'avertir plus fûre-
ent de ce qu'il fera de contraire
ux loix & à la juftice. Il y a déja
lufieurs mois que vous rempliſsez

prédit. Si-Ven-Vam se rappella les conseils de Memcius, & se reprochoit amèrement de ne les avoir pas suivis. Un ministre flatteur, nommé Chin-Kia, lui dit : Sire, on peut faire une imprudence, & cependant être un grand prince. Cheu-Kum en a fait. Comment osez-vous me comparer à Cheu-Kum ? dit Si-Ven-Vam en soupirant.

Sire, reprit le flatteur, quoique Cheu-Kum fût certainement un des plus grands hommes que la Chine ait produits, cependant étant vicaire de l'empire, il envoya son frere aîné pour observer le roi d'Yen : or ce frere s'unit au roi d'Yen & se révolta. Cheu-Kum, comme vous le voyez, manqua de prudence,

prudence, puifqu'il ne prévit pas la rebellion de fon frere, & vous n'êtes pas plus coupable que lui pour n'avoir pas prévu la révolte du royaume d'Yen. Si vous le per-mettez, je forcerai Memcius d'en convenir.

Le flatteur alla donc trouver Memcius, & lui répéta ce qu'il avoit dit au roi.

Cheu-Kum, répondit Memcius, étoit le frere cadet du prince qu'il envoya pour obferver le royaume d'Yen : la prudence & la piété pref-crivoient-elles à Cheu-Kum de fe défier de fon frere aîné ? en pou-vez-vous dire autant de Si-Ven-Vam par rapport à la révolte des peuples d'Yen ?

Que les nouveaux fages font

différents des anciens fages! Ceux-
ci ne cherchoient point à cacher
leurs fautes ; tout le monde pouvoit les connoître aufsi facilement
qu'on voit les éclipfes du foleil &
de la lune : lorfque leur habileté
avoit réparé ces fautes & qu'ils
avoient repris leur éclat, comme
la lune & le foleil après l'éclipfe,
les peuples les louoient, admiroient
leur vertu, & leurs fautes ne portoient pas la moindre atteinte au refpect qu'on leur devoit. Les fages
modernes, au contraire, non feulement cachent leurs fautes, mais
encore juftifient leurs vices.

Memcius avoit accepté la charge
de premier préfident du royaume
de Cy, dans l'efpérance de faciliter
le progrès de fa doctrine fur l'art

de gouverner; il la remit lorfqu'il vit l'inutilité de fes inftructions, & réfolut de fe retirer dans fa patrie. Si-Ven-Vam apprit avec peine fa réfolution, &, pour le retenir dans fes états, vouloit établir une école dont Memcius devoit avoir la direction : mais les miniftres firent échouer ce projet, & Memcius fortit du royaume de Cy, cependant avec regret, parcequ'il croyoit Si-Ven-Vam fufceptible des bons principes du gouvernement.

Un lettré railloit Memcius fur la lenteur avec laquelle il fortoit du royaume de Cy; on le rapporta à Memcius, qui dit: Cet homme me connoît peu; j'ai defiré ardemment d'infpirer au roi l'amour du bon gouvernement, & j'ai mis de la lenteur dans ma retraite pour donner au prince le temps de réfléchir & de me rappeller s'il vouloit sincèrement établir un bon gouvernement ; je pars maintenant, parceque je n'espere plus d'être rappellé : je ne suis point comme ces petits hommes qui s'irritent aussitôt que le roi ne suit pas exactement leurs avis, & qui renoncent sur-le-champ au ministere ; ces ministres n'aiment ni le roi ni le royaume, ils n'aiment qu'eux-mêmes. Le censeur sentit son injustice & sa sottise dans le jugement qu'il avoit porté sur Memcius, & dit : Je suis en effet un très petit homme, & je ne connoissois pas la sagesse sublime de Memcius & l'élévation de son ame.

Un disciple de Memcius, qui l'ac-

compagnoit dans sa retraite, voyant
sur son visage comme un nuage de
tristesse, lui parla ainsi : Je vous ai
souvent entendu dire que le sage
ne se fâche point si le ciel ne favo-
rise pas ses entreprises, & qu'il ne
se plaint point des hommes lorsqu'ils refusent de se conformer à
ses principes; cependant je vous vois
une tristesse & une mélancolie qui
annoncent du mécontentement &
de l'irritation.

Comment oserois-je me fâcher
contre le ciel, ou me plaindre des
hommes ? répondit Memcius ; c'est
la diversité des temps qui m'a fait
passer de la gaieté à la tristesse.
Lorsque je menois une vie privée
& que je ne m'occupois que de l'é-
tude de la sagesse, c'étoit le temps

de la joie : je me fuis occupé du bien public, mais fans fuccès; c'eft le temps de la triftefse.

On a vu dans les temps reculés que tous les cinq cents ans il s'élevoit un homme qui pofsédoit les vrais principes du gouvernement, & qui établifsoit la paix & l'ordre dans l'empire. On compte à-peu-près ce nombre d'années depuis Yao & Chun jufqu'à Chin-Tam, & depuis Chin-Tam jufqu'à Vu-Vam. Tous ces princes étoient fe-condés dans leurs entreprifes par un grand nombre d'hommes illuf-tres par leurs lumieres & par leur fagefse : mais, hélas! depuis Ven-Vam & Vu-Vam jufqu'à nos jours il s'eft écoulé près de fept cents ans; ainfi l'époque ordinaire pour

le retour de la paix & de l'ordre est
passée depuis long-temps, & cependant le trouble, la confusion, la
guerre regnent par-tout. L'empire
eut-il jamais un plus pressant besoin d'être renouvellé & de voir
travailler au rétablissement d'un
sage & bon gouvernement ?

CHAPITRE V.

Ven-Kum, héritier présomptif
du royaume de Tam, allant chez
le roi de Tsou pour y renouveller
un traité d'alliance, voulut passer
par le royaume de Sum pour y voir
Memcius, & profiter des leçons
qu'il donnoit.

Memcius, charmé du desir que

le prince marquoit pour s'inftruire, lui expliqua dans un grand détail les principes de la fageſse & les moyens d'y arriver : il lui dit que la nature faiſoit naître tous les hommes avec une droiture & une bonté qui, à meſure qu'ils croiſ-soient, s'embelliſsoit par la vertu ſi la raiſon la dirigeoit, ou ſe cor-rompoit par le vice ſi elle n'étoit pas dirigée ou cultivée par la raiſon. Memcius appuya tous ſes principes ſur l'exemple des empereurs Yao & Chun, qui tiroient toutes leurs perfections de ce fonds de bonté commun à tous les hommes.

N'y auroit-il pas, reprit Ven-Kum, un chemin plus facile que celui que ces deux princes ont ſuivi pour arriver à la vertu ?

Non, dit Memcius : il n'y a qu'un seul chemin qui conduit à la vertu ; c'est une vérité reconnue par tous les sages. Le célebre Kien-Chin disoit au roi de Cy : « Les « anciens sages, ces héros illuſtres « par l'éclat de leurs vertus, ne « furent que des hommes : je ſuis « auſsi un homme, moi ; ainſi, ſi je « fais uſage de mes forces, ſi je « m'applique, je peux non ſeule-« ment les imiter, mais encore les « égaler : pourquoi donc me dé-« couragerois-je à la vue de leur « vertu, comme ſi elle étoit au-« deſsus de ma nature & inacceſ-« ſible à mes efforts ? »

Yen-Yven, qui a fait tant de progrès dans la ſageſse, diſoit : « Tout le monde parle aujour-

« d'hui, & fréquemment, d'Yao
« & de Chun : mais quel homme
« donc étoit Chun, & quel homme
« fuis-je ? Certainement fi je veux
« faire ufage des moyens & des
« forces que j'ai reçus de la nature,
« je peux faire ce qu'il a fait. »

Enfin le prince Cheu-Kum difoit : « Je regle ma conduite fur mon
« pere Ven-Vam ; il eft ma regle,
« mon maître & mon modele. Au-
« jourd'hui beaucoup de perfonnes
« difent qu'elles ne peuvent prati-
« quer les vertus de Ven-Vam ; ce-
« pendant ils ont tous les mêmes
« facultés & les mêmes moyens que
« Ven-Vam avoit reçus de la na-
« ture. »

Ne croyez donc pas, prince,
que parceque votre royaume eft

petit vous ne pouvez imiter les empereurs dans leurs vertus & dans
leur maniere de gouverner; je ne
crains pour vous qu'une chose,
c'est que vous ne vous rebutiez par
les difficultés que l'on rencontre
lorsque l'on veut se vaincre soi-
même, s'élever à la vertu & suivre
les principes d'un bon gouvernement. « Une médecine, dit le
« Chou-king, n'opere point la gué-
« rison si elle ne travaille les en-
« trailles ». De même les instructions & les conseils des maîtres ne
peuvent guérir un prince, s'il ne
s'efforce pas de se vaincre lui-
même.

Le prince retourna dans sa patrie; & lorsque son pere mourut,
il dit à son gouverneur : Les beaux

préceptes de Memcius font fans cefse préfents à mon efprit; je veux que vous alliez le confulter fur la maniere de rendre à mon pere les devoirs funebres, & de remplir ceux de la piété filiale. Le gouverneur fe rendit auprès de Memcius, qui lui dit : Je loue beaucoup un prince qui s'occupe du foin de remplir envers fon pere les devoirs du refpect filial dans un temps où tout le monde les néglige ; mais ces devoirs ne font pas arbitraires, les rites les prefcrivent, & on ne peut mieux fatisfaire la piété filiale qu'en les fuivant. Les voici :

Le deuil doit durer trois ans ; pendant ce temps, le fils du prince doit s'abftenir de toute fonction publique ; il doit ne fe vêtir que de toile & ne manger que du riz le plus commun.

Les grands, les courtifans, les miniftres, défapprouverent ce projet, prétendant que ces rites étoient abrogés, & qu'il ne falloit pas les rétablir : mais le roi voulut les fuivre ; & comme, felon l'ufage de fon royaume, le deuil ne duroit que cinq mois, il pafsa ce temps à pleurer fon pere. Au bout des cinq mois de deuil, le roi conduifit le corps de fon pere à la fépulture, & l'on vint de toutes les parties de l'empire pour afsifter à la cérémonie.

Après le deuil, Ven-Kum appella à lui Memcius, & lui demanda des moyens pour bien gouverner.

Le premier objet qui doit inté-

refser un roi, dit Memcius, c'eft
le peuple ; ce qui intéreffe le plus
le peuple, c'eft fa fubfiftance. Or
c'eft l'agriculture qui procure la
fubfiftance : l'agriculture eft donc
le premier & le plus efsentiel objet
des foins du prince, & il doit veiller
fans cefse pour en favorifer & avan-
cer le progrès. Voyez comment les
cultivateurs, ces refpectables & in-
fatigables citoyens, s'exhortent ré-
ciproquement au travail dans le
livre des poéfies :

« Maintenant que la terre n'e-
« xige plus nos travaux, ramafsons
« ces herbes & ces chaumes, mon-
« tons fur les toits, & réparons les
« couvertures; faifons, pendant les
« longues nuits, des cordes & des
« liens; car le printemps vient à

« tire d'aile, & ne fera pas plutôt
« arrivé, que nous ferons obligés
« de donner tous nos foins à la fe-
« mence des différents grains. »

Si donc vous voulez établir un bon gouvernement, vous devez fur-tout vous appliquer à procurer au peuple une fubfiftance fûre & commode. Lorfque le peuple eft dans cet état, il fuit fans peine l'intégrité du cœur & l'honnêteté des mœurs : mais s'il manque de fubfiftance, ou qu'il ne fe la procure qu'avec peine ; s'il eft dans l'inquiétude par la crainte d'en manquer, il renonce auffitôt à la droiture du cœur & à l'honnêteté des mœurs, il eft alors le jouet de tous fes defirs & de toutes fes paffions, parcequ'il n'a plus pour principe, pour mobile, pour regle, que ſes deſirs & ſes paſsions; il n'eſt point de for-fait & de crime dont il ne ſoit ca-pable. Ainſi un prince qui n'ap-porte pas tous ſes ſoins pour procu-rer à ſon peuple une ſubſiſtance ſûre, commode, le met dans la né-ceſsité de faire des fautes & de commettre des crimes. Punir ces fautes & ces crimes, n'eſt-ce pas tromper un homme qui agit ſans fraude & ſans défiance ? n'eſt-ce pas le conduire frauduleuſement dans les filets de la juſtice ? Un homme pieux, un roi, peut-il ſe permettre ces choſes avec ſon peu-ple ?

Voilà pourquoi les princes ſages ne s'écarterent jamais des regles de la reſpectable modeſtie & de la prudente économie. Par le moyen de cette modestie ils traitoient avec humanité leurs sujets, leurs magistrats, le peuple; par le moyen de cette économie ils n'exigeoient que des tributs modérés, & craignoient plus de manquer de piété que de richesses, conformément à la belle maxime qui dit : « Le prince qui « veut devenir riche ne peut être « pieux, & le prince pieux ne peut « devenir riche. »

Pour procurer à chaque citoyen une subsistance sûre & commode, les anciens empereurs avoient partagé les terres en portions de cinquante arpents de terre, & exigeoient la dîme des productions. Les empereurs de la famille de Yu partagerent les terres en neuf quar-

rés, & s'en réserverent un au milieu. Ce quarré appartenoit à l'empereur, les huit autres aux colons,
qui labouroient à frais communs
le quarré public ou impérial dont
les productions appartenoient à
l'empereur. Sous les trois empires
des Cheu, des Hia & des Yn, on
n'exigeoit que la dixieme ou l'on-
zieme partie des fruits. Ce tribut
fut fixe & invariable sous la dynas-
tie Hia, de maniere que l'on payoit
la même quantité de productions
dans les bonnes & dans les mauvaises années : ce qui obligeoit les
colons à emprunter dans les mauvaises années pour payer le tribut
impérial, & privoit les familles de
subsistance ; moyen contraire à la
bonté & à l'équité du prince, qui

doit être le pere de ses sujets.

Sur les produits des quarrés appartenants à l'empire on prenoit les honoraires, les pensions, que les anciens princes accordoient aux mandarins qui avoient bien mérité de l'état.

Lorsque vous aurez, conformément à ces exemples, procuré au peuple une subsistance sûre & commode, vous pourrez les faire instruire efficacement dans les principes de la morale : il faudra pour cela établir quatre especes de classes nommées *ciam*, *kiao*, *siu*, *hio*.

Vous me demanderez sans doute ce que signifient ces noms. Le voici.

Le nom *ciam* signifie nourrir, parceque comme on établit autrefois une maison pour distribuer

des aliments aux vieillards qui a-
voient rempli dignement les charges, de même on établit cette école
pour donner des aliments aux esprits.

Le nom *kiao* signifie enseigner,
& désigne une classe où l'on enfeigne ce que c'est que la vertu & les
regles pour bien vivre.

Le nom *fiu* signifie tirer de l'arc,
parceque dans cette classe on apprend à prendre les attitudes convenables & décentes, à régler son
esprit & à se perfectionner dans la
pratique des bonnes mœurs & de la
prudence, comme dans l'étude de
l'art de tirer on apprend à bien pla-
cer son corps, à bien viser pour
toucher le but, & les loix de l'urbanité que l'on doit observer avec
ses concurrents.

Le mot *hio* fignifie paleftre ; c'eft une école où l'on examine & où l'on choifit les fujets les plus propres pour les charges, & dans laquelle on les inftruit plus particulièrement de tout ce qui concerne le gouvernement & les différentes parties de l'adminiftration.

On établit les trois premieres clafses dans tout l'empire; la quatrieme étoit toujours & uniquement dans la capitale.

Au refte, l'objet & le but de ces écoles eft d'apprendre à tous les citoyens les cinq devoirs de la condition humaine : favoir, l'amour entre le pere & le fils ; l'équité entre le roi & le fujet ; la diverfité entre les occupations du mari & de la femme ; la fubordination entre le plus âgé & le plus jeune ; & la vérité entre les amis.

Si les supérieurs connoissent bien ces cinq devoirs, s'ils sentent la nécessité de les remplir, s'ils les enseignent & les pratiquent, tous ceux qui leur sont subordonnés les observeront, & tout le peuple, uni par les liens d'un amour réciproque, vivra tranquillement, & se conduira avec honnêteté & avec droiture.

Si, en suivant ce plan de gouvernement, vous ne parvenez pas à l'empire, du moins vous servirez de modele à ceux qui y parviendront, & à coup sûr vous renouvellerez votre royaume.

Ven-Kum, frappé de la beauté & de la vérité des instructions de

Memcius, fit faire le partage des terres. Le bruit de ce nouveau gouvernement s'étant répandu, des partisans d'une secte agricole, nommée *kia*, vinrent pour répandre leur doctrine, & demanderent des terres à cultiver; on leur en donna, & aussitôt ils publierent leur doctrine. Ils ne portoient que des habits de laine grossiers, faisoient leurs souliers, tressoient des nattes & les vendoient pour vivre. Cette singularité avoit pour objet d'attirer l'attention, & de leur faciliter les moyens de répandre leur doctrine. Un prosélyte l'exposa à Memcius.

Ils prétendoient qu'un prince sage devoit vivre de son propre travail, & ne manger que des fruits d'une terre cultivée de ses propres mains.

Mencius dit à ce prosélyte: Ceux dont vous avez adopté la doctrine sement-ils eux-mêmes leur millet, & s'en nourrissent-ils?

Oui.

Tissent-ils la toile de leurs chemises? les font-ils eux-mêmes?

Non.

Travaillent-ils les hoyaux & les autres outils avec lesquels ils labourent?

Non.

Font-ils leurs chapeaux?

Non.

Ces sectaires, en échangeant ainsi leur riz & leur millet contre des hoyaux, de la toile, &c. ne sont pas plus les vexateurs des taillandiers & des tiſſerands, que ceux-ci, en échangeant leurs inſtruments & leur toile contre du riz, ſont les vexateurs des cultivateurs. Si c'eſt une vexation de ſe procurer, par le moyen des échanges, les choſes dont on a beſoin, pourquoi ne font-ils pas leurs hoyaux, leur toile?

Cela n'eſt pas poſsible, dit le proſélyte. On dit en proverbe qu'il eſt facile de faire une choſe, & difficile d'en faire deux. S'ils faiſoient leurs outils, ils ne pourroient vaquer à la culture des terres.

Il n'y a donc, reprit Memcius, que les rois, les princes, les magiſtrats, qui puiſsent s'appliquer à deux ouvrages, ou exercer deux arts; gouverner, & labourer?

Peu avant l'avénement d'Yao à

l'empire, la Chine avoit éprouvé une inondation qui avoit défolé & dépeuplé les campagnes ; elles étoient couvertes de forêts & remplies de bêtes féroces & d'oifeaux qui défoloient les cultivateurs. Yao, ne pouvant remédier feul à ces maux, afsocia Chun à l'empire. Celui-ci chargea le mandarin Yé de préfider au feu. Le mandarin fit mettre le feu aux forêts, & éloigna des habitations des hommes les bêtes féroces & les oifeaux.

Chun s'afsocia enfuite Yu, qu'il chargea de travailler au defséchement des terres ; ce qu'il exécuta : alors les Chinois purent cultiver la terre & fe procurer tout ce qui étoit nécefsaire à leur fubfiftance. Pendant huit ans que dura l'opération du desséchement, Yu passa devant sa maison trois fois sans qu'il lui fût possible d'y entrer : jugez comment il auroit pu cultiver la terre pour se nourrir.

Ensuite Yao donna à son frere Heu-Cié l'intendance de l'agriculture, & le chargea du soin de faire instruire les peuples des regles & des principes pour labourer, pour semer & pour moissonner les cinq especes de grains connus. Lorsqu'on fait recueillir des moissons abondantes de ces grains, les peuples ont abondamment ce qui est nécessaire pour vivre commodément & sûrement.

Mais lorsque les peuples ont une subsistance sûre, abondante & commode, ils s'abandonnent à toutes fortes de pafsions, & tombent dans toutes fortes de vices, & ne font point différents des brutes, fi on ne leur donne pas de bonnes mœurs.

Yao fentit toute la grandeur de ce danger, & chargea Sié, un de fes freres, d'apprendre aux Chinois le grand ordre des cinq devoirs de la condition humaine, & prefcrivit la maniere de leur donner cette inftruction Exhortez, lui dit-il, ceux qui réfiftent; foutenez le zele de ceux qui veulent faire du progrès; convertifsez les méchants; dirigez ceux qui fe trompent; aidez les foibles; animez les parefseux : lorfque, par ces foins, ils fuivront leur nature raifonnable & fe conduiront en hommes, exhortez-les à la perfection.

Croyez-vous, dit Memcius au nouveau profélyte, que l'empereur, occupé de tous ces foins, pût cultiver la terre pour fe nourrir ?

Avant que l'empereur Yao eût découvert Chun, ce qui l'occupoit & le tourmentoit le plus étoit de trouver un homme fage & habile qui pût lui aider, non à faire faire cette multitude innombrable de petits ouvrages auxquels le peuple travaille, mais d'établir un ordre général, de donner à l'empire toute la force dont il étoit capable, de faire des loix ftables & inviolables.

De même Chun, avant que d'avoir découvert Yu pour le defséchement des terres, & Kao-Yao pour l'exercice de la juftice & pour régler les châtiments que mérite chaque genre de crime, étoit dans une inquiétude & dans une anxiété continuelle. Voilà l'ouvrage & l'objet des soins des grands hommes. Labourer de ses propres mains cent arpents, être inquiet, fâché, tant qu'ils ne sont pas bien cultivés, c'est le partage du laboureur.

Ce qu'il y a de plus important pour les rois & pour les empereurs, c'est de se procurer des ministres éclairés & sages, qui gouvernent pour eux & avec eux. C'est dans le choix de ces ministres que consiste principalement la piété du souverain pour ses peuples; & c'est par le soin qu'il donne pour avoir de semblables ministres, que sa piété éclate. Donner aux pauvres, c'est un acte de bienfaisance : mais le roi peut-il donner lui-même à tous ceux qui sont dans le besoin ? Apprendre aux ignorants les principes de l'honnêteté, c'est une charité : mais le roi peut-il enseigner en particulier chaque ignorant ? Ils ne peuvent donc exercer la bienfaisance & la charité qu'en choisissant des ministres éclairés, vertueux & fideles, & c'est ce que l'on appelle la piété universelle. Mais qu'il est difficile d'avoir de semblables ministres ! Vous voyez, ajouta Memcius, combien est fausse la doctrine que vous préférez à celle de Confucius.

Il y avoit alors une autre secte qui enseignoit qu'il falloit avoir pour tous les hommes un amour égal, & ils appuyoient leur doctrine sur un passage du Chou-king, qui dit que les anciens princes aimoient leurs peuples & les soignoient comme leurs enfants.

Le ciel, disoit Memcius, a voulu que l'homme naquît d'un pere & d'une mere, & qu'il les regardât comme le seul principe de sa vie. Vouloir que l'on aime les autres hommes comme son pere & sa mere, c'est vouloir partager en deux cet unique principe de la vie humaine.

On abuse du passage du Chouking, qui dit, Que le roi aime & soigne ses peuples comme ses enfants. Cela ne signifie rien autre chose, sinon que lorsque le peuple ignorant transgresse les loix, il ne faut pas lui en faire promptement un crime ; comme on ne doit point regarder comme une faute la chûte d'un enfant qui , en se traînant , tomberoit dans un puits. Il faut que le prince veille pour que son peuple ne fasse point de faute par imprudence & n'encoure pas les châtiments , comme un pere veille pour empêcher son fils de tomber.

CHAPITRE VI.

Les lettrés pour la plupart faisoient des intrigues & des cabales pour acquérir de la célébrité , & pour s'introduire dans les cœurs ; Memcius au contraire ne faisoit pas le moindre mouvement pour ces objets. Chin-Tai son disciple lui dit : Un maître de la sagesse doit desirer de trouver un prince auquel il puisse communiquer & faire adopter les principes d'un bon gouvernement , & de procurer par ce moyen le bien public ; vous, au contraire , refusez d'aller chez les princes, sans doute pour vous occuper de votre instruction personnelle, ou de votre perfection particuliere. Cette vue me paroît petite, je vous l'avoue, & je vous crois destiné à quelque chose de plus grand ; car je ne doute pas que si vous vouliez vous rendre auprès des princes, ils ne vous employassent dans l'administration ; peut - être même en trouveriez-vous d'un esprit élevé qui pourroient suivre les

grands principes de l'adminiſtration de Chin-Tam & de Vu-Vam,
& qui rétabliroient dans l'empire
l'ordre & la paix. Un ancien proverbe dit : « L'homme qui n'a
« qu'une coudée lorſqu'il eſt reſ-
« serré, en a huit lorſqu'il eſt éten-
« du ». Pourquoi aimez - vous
mieux n'avoir qu'une coudée dans
votre retraite, au lieu de huit ſi
vous vouliez viſiter les rois ?

Ne ſavez-vous point, répondit
Memcius, ce qui ſe paſsa ſous Kin-
Kum, roi de Cy ? Ce prince, voulant
aller à la chaſse , fit appeller les
officiers du parc royal. Celui qui
fut chargé de l'invitation ne prit
point un bonnet de peau, comme
les rites le preſcrivent. Les préfets
ne ſe rendirent point à la cour : le

roi en fut irrité, & vouloit les faire mourir ; mais il se calma lorsqu'il apprit pourquoi ils ne s'étoient pas rendus à son invitation.

Confucius admiroit le courage de ces préfets qui s'étoient exposés à la mort plutôt que de se rendre à une invitation qu'on leur faisoit sans avoir la marque qui devoit la caractériser. Dites - moi , je vous prie , ce qu'il faudroit penser de moi si je voulois pénétrer dans les cours sans avoir été invité de la maniere qui caractérise l'invitation à laquelle je dois obéir.

Il ne suffit pas de rechercher l'u-tilité ou de la procurer pour être un grand homme. Celui qui ne recherche que l'utilité, soit qu'il ait huit coudées, soit qu'il n'en ait qu'une,

qu'une, va à l'utilité par toutes
fortes de moyens bons ou mauvais,
& fans aucun égard aux loix de l'é-
quité. Mais il n'en eft pas ainfi
d'un maître de la fagefse ; il veut
être utile , mais il ne veut pas l'ê-
tre en manquant à l'équité ou à la
décence , & en fe dégradant lui &
fa profeffion. Vous vous trompez
donc en me jugeant fur l'utilité
ou fur l'inutilité dont je fuis en fai-
fant ce que je fais. Peut-on efpérer
de redrefser les autres lorfque l'on
eft foi-même tortueux & que l'on
manque de droiture ?

Parmi ceux qui fréquentoient les
cours des rois pour y établir des
écoles, Kun-Sun-Yen & Cham-Y
fe diftinguoient fur tous les autres.
Kin-Chum, qui étoit de leur ca-

bale, difoit à Memcius : Peut-on leur refufer le titre de grands hommes ? S'il fe préfente une occafion où le roi doive s'irriter, ils ont tellement l'art de l'enflammer & de l'exciter à la guerre, que la crainte de fon refsentiment fait trembler tous les autres rois ; au contraire, lorfque tout eft paifible & tranquille, ils favent fi bien éclaircir les affaires les plus embrouillées, qu'ils préviennent les difsentions & les guerres.

Memcius dit à ce prôneur : On lit dans le livre des rites : « Lorf-« qu'on donne le chapeau à un « jeune homme, fon pere l'inf-« truit ; & lorfque l'on marie une « fille, fa mere l'inftruit & juf-« qu'à la porte du mari lui dit :

« Lorsque vous serez dans la mai-
« son de votre mari, soyez respec-
« tueuse, précautionnée & sou-
« mise. »

Ainsi l'instruction de la jeune
femme se réduit à se soumettre
aveuglément à la volonté d'un autre.

Quelle différence y a-t-il entre
vos deux grands hommes & la jeune épouse ? ne font-ils pas uniquement occupés à découvrir la haine
ou l'amour du roi ? & ne se dé-
vouent-ils pas à tout ce qui peut
servir l'une ou l'autre de ces deux
passions ?

Apprenez à qui l'on peut donner le titre de grand homme. La
piété est comme une grande maison la plus vaste du globe ; l'hon-

nêteté est comme un tribunal le plus incorruptible, & l'équité comme la voie la plus universelle. Suppoſez un homme qui habite dans cette grande maiſon, en veillant ſur ſon cœur; qui est aſsis ſur ce tribunal incorruptible, en réglant ſes mœurs; qui marche dans cette grande route, par le ſoin avec lequel il dirige toutes ſes actions.

Suppoſez que, ſi on l'éleve au gouvernement, il y déploie avec ſuccès pour le peuple ces trois grandes vertus, la piété du cœur, l'honnêteté des mœurs, & l'équité des actions; mais que, ſi ſes vertus ſont inutiles, il ſe retire & exerce ces grandes vertus dans la vie privée, ſans avoir été ni vain ni orgueilleux de ſon élévation & de ſes

richesses, ni humilié ou malheureux dans l'obscurité & dans la
pauvreté, &, dans tous les temps,
au-dessus des dangers, & supérieur
à la crainte de la mort : voilà l'homme que je juge véritablement grand,
& que je n'hésite point à proclamer
un héros.

Cheu-Siao, premier ministre du
royaume de Huéi, demanda à
Memcius si autrefois les sages ne
briguoient pas les dignités pour se
rendre utiles aux rois.

Sans doute, dit Memcius ; & si
Confucius étoit trois mois sans être
employé, il paroissoit inquiet &
agité ; & si, privé de sa dignité, il
sortoit du royaume, il portoit toujours avec lui le présent que l'on

fait au prince dans la premiere vifite qu'on lui rend.

Cette précaution, reprit le miniftre, ne fuppofe-t-elle pas un defir excefsif des dignités?

Il en eft des lettrés, dit Memcius, comme du laboureur: lorf
que celui-ci quitte un royaume, il
emporte avec lui le fer de fa char-
rue, fans lequel il ne pourroit vivre: de même le fage, qui ne pafse
dans un royaume étranger que pour
y enfeigner fa doctrine, doit porter
avec lui le préfent fans lequel il ne
peut fe préfenter décemment devant un prince, ni par conféquent
remplir une charge.

Mais fi un fage, dit le miniftre,
doit rechercher même avec ardeur

les dignités , pourquoi donc refu-
fez-vous de vifiter les princes, vous
dont la fagefse eft fi diftinguée ?

Ce defir , dit Memcius , a fes
regles. Il eft naturel à l'homme de
defirer d'être pere, & à la femme
d'être mere : mais ceux qui le de-
viennent fans avoir demandé & ob-
tenu le confentement de leurs peres
& meres, font réputés malhonnêtes
& infâmes , non feulement par les
parents , mais même par tous les citoyens. Il en eft ainfi des anciens fages : ils defiroient d'être employés;
mais ils vouloient être appellés con-
venablement aux charges , y arriver par la route qui devoit les y
conduire, & non par une autre.
Un homme qui parvenoit aux charges par la cabale ou par l'intrigue

étoit à leurs yeux un ravisseur & un suborneur.

Pum-Kam, disciple de Mem-cius, lui dit un jour : Je vois des sages qui, suivis de plus de dix voitures & accompagnés de plus de cent disciples, parcourent les provinces, & sont magnifiquement défrayés & nourris par les rois : cela me paroît excessif.

Il n'est pas permis, dit Memcius, recevoir même une écuellée de riz lorsque l'équité & la raison ne l'exigent pas, & à plus forte raison une grande abondance de différents mets ; mais si la raison & l'équité autorisent à recevoir ce que l'on propose, on peut le recevoir, quand même on proposeroit l'empire, comme Chun accepta l'empire que lui offrit Yao : il n'y a point en cela d'excès ; en taxeriez-vous Chun pour avoir accepté l'empire ?

. Non sans doute, répondit Pum-Kam ; car Chun avoit rendu des services qui méritoient l'empire : mais le maître de la sagesse ne rend au royaume aucun service qui mérite une aussi magnifique subsistance.

Ne reconnoissez-vous pas, lui dit Memcius, que le commerce est nécessaire dans le royaume, afin que l'on puisse se procurer les choses dont on manque par le moyen de celles que l'on a de trop ? Sans cela le laboureur aura beaucoup plus de grain qu'il n'en peut consommer, & manquera de toile ; le tisserand, au contraire, aura beaucoup trop de toile, & manquera de pain. Par la même raifon il faut que vous donniez à l'architecte & au charron ce qui eft néceffaire pour leur fub-fiftance, à caufe des fervices que l'un vous rend pour bâtir votre maifon, & l'autre pour faire vos voitures.

Il y a un homme qui regle fes mœurs fur les maximes des anciens fages, foumis à fon pere & à fa mere, refpectueux envers les fages, qui fuit conftamment la maniere de vivre pieufe & équitable des anciens empereurs, qui défend cou-rageufement leur doctrine contre ceux qui veulent l'affoiblir ou la corrompre par leurs erreurs & par leurs actions, qui enfeigne affidument & avec zele cette doctrine, dans l'espérance que la postérité la suivra.

Si vous ne jugez pas cet homme digne de recevoir ce qui est nécessaire pour la subsistance que vous accordez au maçon & au charron, n'est-ce pas une preuve évidente que vous estimez moins que ces ouvriers les hommes distingués par leur piété & leur équité ?

Mais, dit Pum-Kam, le maçon & le charron travaillent pour vivre : le sage enseigne-t-il & pratique-t-il la sagesse pour le même objet ?

Pourquoi, dit Memcius, rechercher ce que le sage se propose : C'est le service qu'il vous rend qui demande & qui exige que vous lui fournissiez sa subsistance, & non son intention. Récompenseriez-vous un homme qui, en découvrant votre maison ou en gâtant vos meubles, auroit intention de vous rendre service? Ce n'est pas l'intention de celui qui travaille, mais l'utilité de son travail, qui doit être le motif & la mesure de sa récompense.

Tay-Pu-Xi, premier ministre du royaume de Senn, desiroit ardemment & sincèrement que le roi fût instruit des vrais principes de la sagesse & des regles du bon gouvernement ; mais il ne mettoit point des hommes éclairés & sages dans les charges.

Mencius lui dit : Je crois que vous desirez ardemment que votre prince entre & marche constamment dans la carriere de la vertu ; mais il me semble que vous ne connoissez pas parfaitement les moyens d'arriver à cette fin. Je vais tâcher de vous faire comprendre ma pensée par une comparaison.

Suppofons qu'un premier mi-ministre de Tsou defire que son fils entende & parle la langue de Cy : faut-il qu'il lui donne pour maître un citoyen de Tsou ou un citoyen de Cy ?

Il faut lui donner un maître indigene de Cy, dit le ministre.

Fort bien, dit Memcius. Mais fi ce ministre veut que son fils demeure dans le royaume de Tsou où il n'y ait que le précepteur ou le maître qui parle la langue de Cy, & que depuis le matin jufqu'au

foir il n'ait de converfation qu'a-
vec les habitants de Tfou, & qu'il
n'entende que leur langage bar-
bare, ce fils ne pourra apprendre
à parler la langue de Cy, quelque
peine qu'on fe donne, & dût-on
le maltraiter tous les jours pour cela. De même fi un pere envoyoit
fon fils dans la célebre ville Chuam-
Yo du royaume de Cy, & l'y faifoit demeurer pour y apprendre le
mauvais dialecte de Tfou, il auroit beau le prefser & le châtier
pendant plufieurs années, il n'en
viendroit pas à bout.

Ayant appris il y a quelque temps
que Sié-Kiu-Cheu étoit doué d'une
fagefse & d'une vertu éminentes,
vous employâtes votre crédit pour
l'élever à une haute dignité dans

le palais, & vous réufsîtes. Cela eft très bien. Si vous trouvez de plus le moyen de faire en forte que tous les miniftres & tous les officiers du palais, jeunes & vieux, fupérieurs & fubordonnés, foient femblables au fage Sié-Kiu-Cheu, toutes les paroles que le roi entendra feront des paroles d'honnêteté; toutes les actions qu'il verra feront des actions d'honnêteté: rien ne le portera au vice; & quand il voudroit s'y porter, il ne le pourroit pas.

Mais fi les miniftres & les officiers fupérieurs & inférieurs, jeunes & vieux, font abfolument différents du fage Sié-Kiu-Cheu, alors les paroles qu'il entendra ne feront plus des paroles d'honnêteté, & les actions qu'il aura fous les yeux ne feront plus des actions vertueuses. Pourroit-il alors aimer & suivre la vertu, quand il en auroit formé le projet? Qui le portera à la vertu? quelle occasion aura-t-il de la pratiquer? Comment donc votre sage Sié-Kiu-Cheu pourroit-il apprendre l'art de bien vivre & de bien gouverner au roi de Sum environné d'une foule de miniſtres, d'officiers, de courtiſans, légers, ignorants, étourdis, dépravés?

Un autre miniſtre principal de Sum, ſouhaitant d'abolir d'anciens abus ſur la perception des impôts, très onéreux au peuple, dit à Memcius : Autrefois, ſuivant les ſages loix des empereurs, on ne levoit point d'autre impôt que la dixieme partie des productions de la terre;

mais on en exige beaucoup plus aujourd'hui. Autrefois on ne mettoit
aucune taxe fur les marchandifes,
de quelque nature & de quelque
pays qu'elles fufsent. Je voudrois
bien rétablir cette ancienne adminiftration ; mais cela ne fe
peut faire tout d'un coup. Comme
ces abus font fort anciens, je ne
voudrois pas les abolir fubitement,
mais les diminuer infenfiblement
cette année, & les éteindre abfolument l'année fuivante. Que penfez-vous de mon projet ?

Je vous répondrai par une comparaifon, lui dit Memcius. Un particulier avoit l'habitude de prendre
tous les jours une des poules de
quelqu'un de fes voifins lorfqu'elles
venoient dans fa maifon : un de

R iij

ses amis lui en fit des reproches :
Abstenez-vous, lui dit-il, d'une action si indigne d'un homme d'honneur & de probité. Vous avez raison, lui dit le coupable ; mais je ne
peux rompre sur-le-champ cette
habitude : je veux m'en affranchir
peu-à-peu ; je ne déroberai plus
qu'une poule par mois, & l'année
prochaine je n'en déroberai plus.

Que penseriez-vous, je vous
prie, de cet homme ? s'il reconnoît son injustice, s'il la déteste
sincèrement, ne doit-il pas y renoncer & se corriger sur-le-champ ?
y a-t-il quelque raison pour persé-
vérer dans une iniquité que l'on
reconnoît & que l'on condamne ?

Deux sectes infectoient alors
l'empire de leur dangereuse doc-

trine. Yam & Mé en étoient les fondateurs. Memcius, zélé défenseur de l'ancienne doctrine, les attaquoit sans relâche, & combattoit victorieusement leurs erreurs. Les sectaires des deux partis s'étoient réunis contre lui, & le faisoient pafser pour un difputeur. Un de fes difciples crut devoir l'en avertir, & lui dit : Ces étrangers difent & perfuadent que vous aimez la difpute.

Moi, amateur de la difpute! dit Memcius ; plût à dieu pouvoir me réduire à un filence perpétuel! mais le puis-je en confcience?

L'hiftoire nous offre dans tous les temps une alternative continuelle de bons & de mauvais gouvernements. Du temps de l'empereur Yao, la Chine fut presque entièrement enfevelie fous les eaux ; & ce qui n'étoit pas inondé devint la retraite des ferpents & des dragons. Dans les lieux bas, les hommes s'étoient conftruit des habitations fufpendues aux arbres comme les nids des oifeaux ; dans les endroits plus élevés ils fe creufoient des cavernes. Par les foins d'Yao, de Chun & d'Yu, afociés fucceffivement à l'empire, la Chine fut délivrée des eaux qui l'inondoient. On creufa des canaux, on oppofa des digues aux fleuves, & l'on conduifit les eaux à la mer. Alors les ferpents, les dragons, les bétes féroces & les oifeaux abandonnerent les contrées dont ils s'étoient emparés, & les peuples commencerent

à jouir de la sécurité & à cultiver
la terre en paix & tranquillement.
Ce fut ainsi qu'après de longues calamités un bon gouvernement fit
jouir de la paix & du bonheur tous
les peuples de l'empire.

Après les empereurs Yao &
Chun, le gouvernement s'altéra
peu-à-peu, & l'on vit une afsez
longue fuite d'empereurs inhu-
mains dont la tyrannie alla toujours en croifsant : les uns abat-
tirent les maifons des citoyens pour
y creufer des étangs ; les autres
s'emparerent de leurs champs pour
fe faire des jardins, des maifons de
plaifance, des lieux de délices, des
parcs remplis de bêtes féroces ; en
forte que les peuples, fans habitations, fans vêtements, fans ali-

ments, étoient sans cesse tourmentés par la crainte, & en proie à la faim & à toutes les horreurs de la plus extrême indigence.

On vit alors s'élever des maîtres d'erreurs, qui répandirent une doctrine pernicieuse, qui ne parloient que de la nécessité de faire fleurir les arts & d'élever des monuments. La confusion & le désordre augmentèrent; on multiplia par-tout les maisons de plaisance, & l'on chassa les habitants des villages & des bourgs pour y former des parcs, des étangs, des lacs, des forêts. Les animaux se multiplièrent prodigieusement, s'approchèrent de plus en plus des habitations des hommes, & leur causèrent des dommages continuels. Enfin la confusion & le dés-

ordre furent portés au dernier degré fous le regne du cruel & bar-
bare Cheu, le dernier de la dynaf-
tie des Xam.

Vu-Vam lui déclara la guerre,
le détrôna, éteignit plus de cinquante petites royautés, détruifit
par-tout les maifons de plaifance,
les jardins, les parcs, les forêts, &
tous les animaux que l'on y nour-
rifsoit : en un mot, il ne laifsa fubfifter rien de ce qui pouvoit trou-
bler la tranquillité des peuples, ou
nuire au bien public ; & l'on vit
après de longues calamités le bon
gouvernement fe rétablir par tout
l'empire dans toute fa vigueur &
dans toute fa fplendeur.

La vertu des fuccefseurs de Vu-
Vam s'affoiblifsant infenfiblement,

on vit l'autorité des loix diminuer &
les principes du bon gouvernement
s'obscurcir par l'ignorance. Alors
s'éleverent de nouveau des maîtres d'erreurs, qui répandirent en
liberté leurs dogmes pernicieux, &
qui exalterent le faste & la magni-
ficence. L'impitoyable inhumani-
té, soutenue de ces principes, fit
des progrès si terribles, que l'on vit
souvent les sujets & les enfants
porter des mains parricides sur
leurs souverains & sur leurs peres.

Confucius parut alors. Touché
de l'aveuglement où les hommes
étoient tombés, & craignant de voir
s'anéantir l'honnêteté des mœurs
& les principes du bon gouvernement, il composa le livre intitulé
le Printemps & l'Automne, dans

lequel il expofe avec un ordre admirable les actions des empereurs & des rois pendant l'efpace de deux cents ans. Ce livre contient prefque tout ce qu'un fage empereur doit faire ou éviter, & le détail des actions dignes d'éloges & de récompenfes, aufsi-bien que celles qui méritent des châtiments.

Nous vivons dans des temps encore plus fâcheux. Il y a bien des fiecles que l'on n'a vu un empereur illuftre par fa fcience & par fa vertu. Les rois foulent aux pieds toutes les loix de l'équité & de l'honnêteté, ne font occupés qu'à s'entre-détruire, & déchirent l'empire par des guerres générales & continuelles.

Des maîtres préfomptueux &

vains, qui ne font ni confidérables par leurs dignités, ni recommandables par leurs lumieres, croyant les circonftances favorables pour répandre leurs dogmes, courent de tous côtés, s'infinuent dans les compagnies, & y tiennent des difcours dangereux. Parmi ces différentes fectes dominent fur-tout celle d'Yam & celle de Mé-Tfé. Prefque tous les lettrés, abandonnant honteufement la doctrine des fages, fe font attachés à une de ces deux fectes.

La fecte d'Yam veut que, fans aucun égard au bien public, l'homme ne fonge qu'à fon intérêt perfonnel, & ne veut point de rois.

La fecte de Mé a pour principe fondamental qu'il faut aimer également tous les hommes : elle ne reconnoît point de parents, ni aucun des devoirs qui naifsent des liaifons du fang. Or, je vous le demande, que deviendra la fociété s'il n'y a ni parents ni fouverains?

Le fage Kum-Mun-Y difoit : « Les cuifines font remplies d'une « prodigieufe abondance de vian- « des exquifes, & les écuries de che- « vaux bien portants & gras, tandis « que les peuples font décharnés & « les campagnes jonchées d'hom- « mes morts de faim & de mifere. « Quelle différence y a-t-il entre « les maîtres de ces cuifines ou de « ces écuries & celui qui feroit dé- « vorer les hommes par les ani- « maux ? »

Ce défordre, contre lequel le

fage Kum-Mun-Y s'élevoit, n'est-il pas l'effet ou la pratique de la doctrine d'Yam & de Mé?

Si donc on n'attaque pas la doctrine de ces sectes, si on ne la réprime pas, n'éteindront-elles pas par tout l'empire la doctrine de Confucius enseignée dans tous les temps, & qui prescrit aux sujets de servir les rois avec équité & leurs parents avec piété? Les dogmes pernicieux de ces dangereuses sectes égareront tous les esprits, & éteindront par-tout l'équité & la piété: or éteindre par-tout l'équité & la piété, n'est-ce pas faire sortir les bêtes féroces des forêts, & les appeller pour qu'elles dévorent les hommes? Des hommes dépourvus de toute équité envers les rois, de toute piété envers leurs parents, ne se feront-ils pas la guerre, & ne se dévoreront-ils pas ?

Effrayé & pénétré de douleur à la vue de ces désordres, je combats de toutes mes forces ces petites sectes d'Yam & de Mé ; je réprime la licence des discoureurs qui répandent leurs dogmes pervers, & je tâche de confondre leur audace. Ces dogmes pervers n'ont pas plutôt pénétré dans le cœur, qu'ils portent dans toutes les actions & dans toutes les affaires une contagion qui se communique par-tout, & détruit l'ordre de l'administration & des loix. Cela est si vrai, que si Confucius même revenoit, il ne penseroit pas autrement.

Vous voyez qu'au milieu des

calamités & des malheurs de l'empire il s'est toujours élevé des hommes qui le secouroient. Ainsi le prince Yu arrêta l'inondation, & rendit les terres à la culture en dirigeant le cours des eaux. Ainsi le prince Cheu-Kum domta les nations barbares du nord & du midi, qui troubloient la paix & la tranquillité de l'empire. Ainsi Confucius, par son ouvrage intitulé *le Printemps & l'Automne*, intimida les rebelles, les parjures & les brigands. Les sectes d'Yam & de Mé sont-elles moins dangereuses que les nations barbares que le prince Cheu-Kun poursuivit si ardemment & si heureusement?

Je ne fais donc que suivre l'exemple de ces grands hommes

lorſque je deſire ardemment de rappeller à la vertu les eſprits égarés par ces diſcoureurs, de détruire leur ouvrage, de confondre leur licence & leur orgueil. Comment donc peut-on m'imputer d'aimer la diſpute ? C'eſt en forçant mon caractere, & contre mon inclination, que j'attaque & que je combats ces ſectaires. Ne pourroit-on pas mettre au nombre des diſciples d'Yu, de Cheu-Kum & de Confufucius, celui dont la puiſsante éloquence pourroit éteindre & anéantir les ſectes d'Yam & de Mé ?

On diſoit à Memcius : Chin-Kum, quoique d'une famille diſtinguée & riche, demeure dans la bourgade d'Ou-Lin, où il vit pauvrement ; & il craint tant de rien prendre aux autres, qu'ayant passé trois jours sans manger, il avoit presque perdu le sentiment; il n'entendoit & ne voyoit presque plus. Dans cet état il se traîna au pied d'un poirier dont les fruits étoient rongés par les vers ; il en mangea, & recouvra l'ouie, la vue & la force. Croyez-vous, disoit-on à Memcius, que l'on puisse voir ou imaginer une plus admirable tempérance ?

Memcius répondit : Comme tous les lettrés du royaume de Cy sont très avides de richesses & d'honneurs, je vois que Chum les surpasse, comme le grand doigt de la main surpasse les autres doigts. Mais comment peut-il suivre le système de tempérance qu'il s'est prescrit ?

Un vermifseau n'a befoin, pour
fe nourrir , du fecours d'aucun
homme ; il appaife fa faim en ron-
geant une motte de terre aride, &
fa foif en buvant l'eau bourbeufe
de la plus petite mare : mais il n'en
eft pas ainfi de l'homme. Chum a
befoin, comme les autres hommes,
d'habiter dans une maifon; il a befoin de millet pour fe nourrir :
mais il faut un maçon pour bâtir la
maifon & un laboureur pour femer
le millet.

Si Chum veut fuivre le régime
de tempérance qu'il s'eft prefcrit, il
faut que , renonçant à la condition
humaine, il fe fafse vermifseau.

Fin du premier volume.

9 782019 158187